日韓の断層

峯岸 博

日経プレミアシリーズ

はじめに

２０１８年秋から19年にかけて、日韓関係は異様な光景を私たちの眼前にさらけだした。韓国大法院（最高裁判所）のいわゆる徴用工判決は従来の一線を越えて、日本企業に実害を及ぼすようになった。安全保障協力の現場が「紛争地」に転じてしまったのが、韓国海軍の駆逐艦による自衛隊機へのレーダー照射問題だった。そのほかにも従軍慰安婦財団の解散決定、旭日旗掲揚の自粛要請、天皇陛下に謝罪を求めた韓国国会議長発言といった懸案に同時多発で見舞われ、１９６５年の国交正常化以降に築いた信頼関係の根幹が大きく揺さぶられた。

「韓国は一体何を考えているのか」「断固たる対抗措置が必要だ」。日本国内で嫌韓ムードが政界からお茶の間にも広がった。大企業の管理職にある知人から、「韓国とは断交できないのか」と問いつめられたときは、「そこまで来たか」とさすがにショックだった。革新系政権が率いる韓国では、ナショナリズムをあおる「官製民族主義」の行事や発言が相次ぎ、反

図表　対立が続く日韓関係

2018年10月	韓国海軍が国際観艦式で旭日旗掲揚を拒み海上自衛隊が不参加
	韓国最高裁が新日鉄住金に元徴用工への賠償命令を確定
11月	韓国政府が元慰安婦支援の財団解散を発表
	韓国最高裁が三菱重工業に元徴用工への賠償命令を確定
12月	韓国海軍が海上自衛隊哨戒機に火器管制レーダーを照射
	韓国国防省が「海自哨戒機が低空飛行で威嚇した」と抗議
2019年1月	韓国裁判所が新日鉄住金の資産差し押さえを決定
	日本政府が日韓請求権協定に基づく協議を韓国に要請
	韓国の文大統領が「日本の政治指導者が政治争点化している」
2月	韓国国会の文議長が、慰安婦問題で天皇陛下の謝罪を要求

（出所）日本経済新聞社

日感情の高まりが心配されている。

日本政府もレーダー照射問題への対応にみられたように韓国の強硬姿勢に譲らず、「主張する外交」で対抗した。この点も日韓外交が新たな段階に入ったと感じさせる。

最近は韓国の学校で日本製の備品に「親日（戦犯）ステッカー」を貼り付ける条例案が地方議会に提出されたほか、親日派の音楽家が作った校歌を無くしたり、道路や町の名称まで変えようとする動きもある。

どうしてここまで関係がこじれてしまったのか。日韓には歴史問題に代表される、関係者がどれほど努力しても相いれない部分が間違いなく存在する。もう一つ、有史以来の隣国なのにどちらも相手のことを知らなすぎたのではないか、という思いがある。

私自身、韓国との付き合いが長くなった分、韓国の振る舞いにうんざりした経験は数え切れない。同時に、嫌韓や反日を訴える人々には、相手の国を訪れた経験がなく、誤解や先入観を抱いていると感じることも多い。

日韓関係の悪化は最近、米韓関係や日米韓の3カ国関係にも波及している。日本人と韓国人には目に見えない意識のずれがある。危機を単に憂えたり、相手を無視したりするだけでは解決しない。本書は、危険水域に入った日韓関係を分析したうえで、様々な外交紛争を招いた日韓間の断層に光をあて、その構造を解き明かそうというものである。特に日韓関係に大きな影響を与えている韓国社会の意識変化に切り込むことに力を注いだ。

17年、弾劾された朴槿恵《パク・クネ》前大統領に代わって文在寅《ムン・ジェイン》政権が誕生したとき、韓国の革新層は「革命だ」と叫んだ。それから2年がたち、文在寅政権や日韓外交をとりまく環境もずいぶんと変わっている。

18年は、日韓両国の往来が初めて計1000万人を突破した年でもあった。うち7割超は韓国から日本への訪問客だ。反日の国民がそこまで競うように日本に足を運ぶだろうか。若者が中心となって民間交流を盛り上げているのは日本も同じだ。韓国のK－POPや日本のアニメ、小説など相手国の芸能・文化を丸ごと理解したいと日本語やハングルを覚える日韓の中高生も少なくない。「娘や妻は韓国にはまっていてね」。韓国嫌いを自任する父親が苦笑しながらこう話すのをよく聞く。ひとえに「日韓関係」と言っても、多様な表情がある。

特殊な関係性を踏まえ、韓国とどう向き合っていけばよいのかについて最終章で提起できればと考えている。

20年にわたる政治記者生活と6年半の韓国駐在を通じて、自分自身が実際に体験し、感じたことを中心に取り上げた。朝鮮半島を理解するには肌感覚が何より大事だと信じているからだ（原則として固有名詞などの表記は日本経済新聞の記事スタイルに基づいた。文中の肩書は取材当時のもので、敬称は略している）。

目次

第4章 成熟した関係に 日韓のめざす道 …… 205

第　1　章

日韓、危険水域へ

1　振り切れた振り子

「パンドラの箱」の後始末

「これまでとは比べものにならない。超ド級の時限爆弾だ」。長年、日韓関係を研究してきた専門家が思わずうめいた。2018年10月30日、韓国の首都ソウル。韓国大法院（最高裁判所）は、ソウル高裁が13年に新日鉄住金（現日本製鉄）に対し原告の韓国人元徴用工4人に請求全額の計4億ウォン（約4000万円）の支払いを命じる判決を確定させた。日本政府や同社の訴えは認められず、個人の請求権は日韓請求権・経済協力協定では消滅していないと判断された。ただ、判事13人のうち2人は同協定によって「個人の請求権は行使できなくなっている」と判決とは異なる見解を示すなど揺れる韓国司法の立場も映した。

日本が朝鮮半島を統治した時代の日韓双方の債権・債務の関係をめぐり、日韓両政府は国交正常化に伴う1965年の請求権・経済協力協定で「完全かつ最終的に解決された」（第

図表1　韓国最高裁判決のポイント

- 強制動員被害者の慰謝料請求権は、日韓請求権協定の適用対象外
- 強制徴用をめぐる日本の判決の効力は韓国に及ばない
- 韓国は日本から無償支援で3億ドルしか受け取っておらず慰謝料が含まれているとみなせない
- 原告に1億ウォンずつ慰謝料を払うよう命じた高裁判決を確定

（出所）日本経済新聞社

2条）と確認した。同協定は、今回問題となった戦時中に日本企業に動員された朝鮮半島出身の労働者＝徴用工も対象に含んでいる。その代わりに日本政府は「経済協力」を名目に無償供与3億ドル、有償2億ドルの計5億ドルを韓国に供与した。

日本での同様の訴訟では原告敗訴が確定している。韓国もその判決を踏襲してきたが、２０１２年5月の大法院による判断が転機となった。「日本の判決は植民地支配が合法であるという認識を前提にしており、韓国憲法の価値観に反する」として、日本企業の賠償責任を否定した下級審判決を覆す判断を示し、訴訟を高裁に差し戻したのである。日韓両国は１９６５年の国交正常化後、請求権協定に基づいて政界、経済界、一般市民が信頼や友好を重ねていった。その土台が根底から覆される由々しき事態だった。

韓国大法院は、２０１８年11月29日にも三菱重工業の上告を退

韓国大法院の判決は日韓関係の法的基盤を根底から覆した（ソウル）

ける判決を言い渡した。日本企業が抱える訴訟は、新日鉄住金（現日本製鉄）、三菱重工業、日立造船、不二越など計70社を超えるといわれる。徴用工問題は、次々と日本企業が敗訴するという日本にとって最悪のシナリオに向かっていく。

　賠償額はどこまで膨らむのか。韓国政府が認めた「強制徴用動員被害者」は22万人に上る。新日鉄住金への賠償命令に沿って１人あたりの補償額を１０００万円として単純計算すれば、最大で２・２兆円となる。さらに訴訟の対象は、元徴用工だけでなく、戦時に強制労働をさせられたとする元朝鮮女子勤労挺《てい》身《しん》隊員にも及んでいる。

元徴用工らへの補償額は膨らむ恐れがある（ソウルの南大門＝崇礼門）＝筆者撮影

賠償命令ドミノ

問題はより深刻だ。大法院の判決は、請求権協定の交渉の際に議論された元徴用工への未払い賃金などの請求権には触れず、植民地支配時代の不法行為である戦時動員により生じた精神的苦痛への「慰謝料」は請求権協定の枠外であるとのロジックを用いて、元徴用工への慰謝料請求権は当然残っているとの新たな解釈を示した。このロジックに従えば、日本による植民地統治下にあったほとんどすべての人々に慰謝料請求権が生じることになる。

日本統治時代の朝鮮半島の人口は２０００

図表2　韓国で事業展開する主な日本企業

業種	主な事業内容
素材	● 住友化学、サムスン電子にディスプレー部材供給 ● 東レ、炭素繊維など生産
電機	● 三菱電機、仁川市にエレベーター新工場設立 ● NEC、顔認証技術でマーケティング支援
小売り	● ミニストップ、海外店舗の約8割を出店 ● エービーシー・マート、海外売り上げの約7割を韓国で稼ぐ
観光	● 相鉄ホールディングス、2018年にソウル中心部にホテル開業

（出所）日本経済新聞社

万人ともいわれる。分割相続によってその数はさらに多くなる可能性がある。日韓両政府が徴用工問題の規模が小さいうちに解決しようとしても、徴用工以外の問題が次から次へと提起される可能性がある。そうなれば、裁判の結果次第で補償額は日本企業も韓国政府も支払えないほどの規模に膨らむ。韓国政府関係者は、「青瓦台（韓国大統領府）もそこまでは想定していなかった」と打ち明ける。

その光景は、まさにギリシャ神話の「パンドラの箱」だ。長年の封印が破られ、日韓関係にとってのあらゆる災いが地上に解き放たれた。韓国政府が大法院判決への対応策をずっと示せなかったのは、そんな事情がある。

日韓関係の専門家は徴用工問題が、「日韓間の最大の懸案」と口をそろえる。補償額が読めないことに加え、直接的には韓国司法を舞台とした元徴用工と日本企業の争いだからだ。政府間の懸案のように時間が解決してはくれない。事態を放置していれば悪化する一方だ。韓国内で日本企業の敗訴が続き、日本企業の不利益が拡大していくほかない。

韓国とのビジネスが大きい企業では、「もの言う株主」などから「日本政府と足並みをそろえる方針を修正して韓国側と和解すべきだ」との圧力がかかる懸念もある。

韓国に進出した日本企業は冷静さを保ちつつも、「韓国政府から仕打ちを受けるのではないかと不安な日々を過ごしている」（日系企業幹部）。大法院判決に対する日本政府の「対抗措置」がささやかれる中で、日本に拠点を置く韓国企業も同じ思いを抱えている。

韓国で起きているのは、「賠償命令ドミノ」といえる状況だ。だが、第二次世界大戦中に日本企業に動員されて労働に従事した朝鮮半島出身者は韓国人だけではない。

凝視する北朝鮮

ドミノ倒しの行方を凝視している人たちがいる。平壌の北朝鮮指導部だ。

「安倍当局は過去に働いた特大型反人倫犯罪に対する公式的な謝罪と十分な賠償を行う道に一日も早く進むべきである」。新日鉄住金に韓国人元徴用工への賠償を命じた大法院判決から1カ月足らずの2018年11月24日、北朝鮮国営ラジオの平壌放送は、日本政府に北朝鮮に住む元徴用工への謝罪と賠償を迫った。安倍晋三首相が国会答弁で、徴用工の呼称を「旧朝鮮半島出身労働者」と表現したことも、「謝罪と賠償の責任を回避するための卑劣な振舞い」と非難した。

国交のない日朝間にはそもそも請求権協定が存在しない。日本統治時代の財産・請求権の問題を議論しようとすればば当然、イチから始めなければならない。「今後の日朝間の国交正常化交渉で徴用工問題が難問として浮上する恐れがある」と国際法の専門家は指摘する。

日朝は02年9月に小泉純一郎首相と北朝鮮の金正日《キム・ジョンイル》総書記が初めて会談し、早期の国交正常化をめざすとした「日朝平壌宣言」に署名した。しかし、北朝鮮側が提出した「5人生存、8人死亡」とする日本人拉致被害者の調査結果に日本国内で反発が高まり、日朝交渉は頓挫する。

被害者5人が帰国を果たし、04年5月には2回目の日朝首脳会談にこぎ着けたものの、もつれた糸をほぐすことはできず、拉致問題に進展がないまま再会談から15年が過ぎた。

　今後、日朝交渉を再開すれば平壌宣言が土台になる見通しだ。同宣言は日本からの経済協力に、最も行数を割いて詳述している。

「日本側が北朝鮮側に対して、国交正常化の後、双方が適切と考える期間にわたり、無償資金協力、低金利の長期借款供与及び国際機関を通じた人道主義的支援などの経済協力を実施し……」

　宣言はこの後、国際協力銀行などによる融資や信用供与といった民間投資策へと続いていく。双方が互いに請求権を放棄し、日本が経済協力資金を相手に提供する方式は、１９６５年の日韓請求権協定をモデルにしている。

　日本から北朝鮮への経済協力資金の規模については公にされていない。２０１６年に韓国に亡命した北朝鮮元駐英公使の太永浩《テ・ヨンホ》は著書の中で、北朝鮮指導部の１人が日朝平壌宣言によって日本から少なくとも１００億ドル（約１兆１０００万円）規模の資金が入ってくると述べていたと明かした。

尽きない火種

従軍慰安婦問題も日朝の火種になる。朴槿恵政権時代の15年末、日本政府は日韓合意に基づいて韓国政府が設立した元慰安婦支援の財団に10億円を拠出したが、そもそも1965年の請求権協定締結当時、日韓間では慰安婦問題は議題に上っていなかった。その上に、韓国大法院が日本企業に賠償を命じる判決を下した、いわゆる徴用工問題が降りかかってきた。

北朝鮮メディアは、「過去、日帝が840万人の朝鮮の青壮年を誘拐、拉致、強制連行して死の戦場や重労働に送り込み、20万人の女性を性奴隷に仕立て上げた」「日本の過去の罪悪に対する謝罪と賠償を必ずや百倍千倍にして受け取ってみせる」と韓国政府をあおっている。将来の日朝国交正常化交渉で北朝鮮が、「日本マネー」の上積みを狙って激しく攻勢をかける展開も予想される。「国際環境が好転したため、北朝鮮は日本に対して強気に出るだろう」（北朝鮮専門家）との見方が支配的だ。

このほか、日本と韓国が請求権協定を締結した1965年以降に明らかになった戦時中の資料もあり、日朝交渉は不透明さを増している。

安倍のスーツの左胸には、いつも拉致被害者救出運動のシンボルであるブルーリボン・バッジが光っている。若手政治家の頃から拉致問題に取り組んできた北朝鮮への強硬派として知られ、その姿勢が世論の評価を高め、安倍は政界の階段を駆け上がった。

韓国の徴用工判決によって日朝間のハードルもまた1つ増えた。ギリシャ神話の「パンドラの箱」は急いで蓋《ふた》を閉め、最後に希望だけが残る。現実世界はまだそうはなっていない。

レーダー照射——国防ラインの誤算

日本海の能登半島沖で、韓国海軍の駆逐艦「広開土大王《クァンゲト・デワン》」が警戒監視活動にあたっていた海上自衛隊のＰ1哨戒機に火器管制レーダーを照射した——。国際社会に衝撃を与えた日本政府の発表に対し、韓国側は逆に海自機の「威嚇飛行」を問題視し、日本政府に謝罪と再発防止を求めた。安倍晋三首相について「内部の葛藤を外部に向けるため壬辰倭乱（文禄・慶長の役）を起こした豊臣秀吉と重なってみえる」。韓国国会の安圭伯《アン・ギュベク》国防委員長（革新系与党「共に民主党」議員）は500年も昔の日本の歴史人物を今日の世界に持ちだした。

勢いは止まらず、「安倍首相が前面に出て（日韓の）葛藤を助長している」「周辺国との摩擦増幅は日本国内ではプラスになるかもしれないが、歴史や国際政治を考えれば責任ある指導者がとる選択ではない」と日本の首相を名指しで批判した。現在の韓国国会や革新系与党内の空気を映しだす。

かみ合わない議論

レーダー照射問題の経緯を振り返る。2018年12月21日、岩屋毅防衛相は、海上自衛隊のP1哨戒機が同20日に日本海の能登半島沖の日本の排他的経済水域（EEZ）内で韓国海軍の艦艇から射撃する際に使う火器管制レーダーを照射されたと発表。「不測の事態を招きかねない極めて危険な行為だ。遺憾で再発防止を強く求める」と語った。

「レーダー波を照射されたら自衛の措置をとってよいのが国際法上の常識」（07年10月、当時の石破茂防衛相の国会答弁）といわれる。実際、米軍は他国からレーダー照射を受けた際に反撃した例もあるという。防衛省は、火器管制レーダーは、攻撃実施前に攻撃目標の精密な方位・距離を測定するために使用するうえ、今回の照射は数秒でなく分単位だったため非常に危険——と説明。日本政府は外交ルートで韓国政府に抗議した。

防衛省が公開したレーダー照射に関する動画の1コマ
（出所）防衛省HP　https://www.mod.go.jp/j/press/news/2018/12/28z.html

これに対し、韓国統一省は12月22日、レーダーが照射された20日に日本海の公海上で北朝鮮船舶を発見し、船員３人を救助、１人を遺体で発見していたと発表した。救助された３人と遺体は板門店を通じて22日に北朝鮮に引き渡されたとした。当時、韓国政府は駆逐艦の乗組員から何度も事情を聴取し、レーダーについても民間の専門家を交えて詳細に分析したと関係者は証言する。その結果、韓国政府は「日本側に脅威を感じさせる行動は一切しなかった」と結論づけ、日本側の主張を真っ向から否定。哨戒機が３つの周波数帯を使い呼びかけたことについても、「雑音がひどく聞こえなかった」と言い返した。

韓国側によるレーダーの説明はこうだ。遭難した北朝鮮の漁船を救助するという人道的な措置のために追跡レーダーのカメラを監視のため哨戒機に向けたが、一切の電波放射はしなかった。むしろ日本の哨戒機が駆逐艦上空を低空で飛ぶ「特異な行動」をとった――。

韓国政府の主張は、北朝鮮船の救助のためならレーダーの過剰な使用も許されるとも聞こえる。その後、防衛省は海自の哨戒機が撮影した映像を公開し、韓国側にも提示した。これに対抗し、韓国国防省は日本の主張に反論する動画を8カ国語で世界に発信した。韓国軍は日本に当てつけるかのように、友好国の軍用機が威嚇飛行した場合の対策マニュアルづくりにも乗りだすなど強硬な姿勢をエスカレートさせた。

自衛隊制服組トップの河野克俊統合幕僚長は記者会見で、火器管制レーダーを照射した韓国側の対応を批判した。日本側がレーダー情報の交換を求めたのに対して韓国国防省の報道官が「無礼だ」と発言したことに、「責任ある韓国の人間が『無礼』と言ったことは極めて不適切であり遺憾だ」と不快感を隠さなかった。

韓国メディアはレーダー照射問題をどう伝えたのか。日韓関係の改善の必要性を説く大手紙、中央日報の報道でさえ日本との深い溝を感じる。

「日本自衛隊の哨戒機が23日、韓国の海軍駆逐艦にわずか５４０メートルの距離まで接近して30分間円を描きながら威嚇飛行を行った。駆逐艦が20回にわたって『接近するな』と警告したがどこ吹く風だった。日本の哨戒機はここ6日間で3回もこうした危険な挑発を行った。敵対国の間でしかみられないような一触即発の危険状況だ。（中略）事態がここまで達したことについて、先に日本の責任を問わざるを得ない。日本はこれまで韓国艦艇がレーダーを照射したという『証拠』として動画と電磁波接触音を提示したが、客観的にみても決定的物証にはならなかった。その中で22日、突然、実務協議の中断を宣言して両国間に百害無益な『低空威嚇飛行』挑発を開始したのだ」（19年1月25日付社説）

危険なレーダー照射に抗議する日本側と、日本側の低空飛行に論点をすり替える韓国側の議論はまったくかみ合わなかった。

レーダー照射問題は、北朝鮮問題で連携が必要な日韓の国防当局同士が非難の応酬を繰り広げる異例でかつ深刻な事態だった。

弱腰はみせられなかった文大統領

文在寅大統領にとって今回のレーダー照射問題は事件に国民にアレルギーが強い「自衛隊」と、自らが重視する「被害者」「北朝鮮」の3つの要素が重なった点でも弱腰はみせられなかった。韓国軍艦が、弱っている北朝鮮の漁船の人道救助活動にあたっているさなかに「自衛隊」の危険行為で邪魔された、というのが韓国側のストーリーだ。しかも現場海域は日韓が領有権をめぐって対立する島根県竹島（韓国名・独島）の北東100キロの日本海の公海上。文在寅政権にとって譲れない戦いになった。

この2カ月前の18年10月には、韓国で開催する国際観艦式に先立ち韓国側から自衛隊艦艇への旭日旗（自衛艦旗）掲揚を自粛するよう求められた日本側が、式典への参加を見送っていた。自衛隊の旭日旗を韓国で「日本軍国主義の象徴」とみる向きがあるのは事実だが、過去には旭日旗を掲げた海自艦が韓国に入港したことがあった。にもかかわらず韓国海軍が市民団体からの圧力に抗せなかったため、日韓の間にわだかまりが残っていた。

今回、韓国側が「低空威嚇飛行」と非難した水準の高度は、自衛隊の哨戒機が過去に飛行しても韓国側がそれを問題視したことはなかった。自衛隊関係者は「そもそも丸腰の哨戒機が、艦砲を持つ軍艦に脅威を与えることなど不可能。どちらが危険かは明白で韓国側が『威嚇を受けた』と主張するのはおかしい」（自衛隊関係者）と憤る。

日本の与党内からも強硬論が噴きだした。自民党の外交部会などの合同会議では「交流の機会を停止すべきだ」との意見が出た。火器管制レーダーの照射を認めない韓国側の対応についても国防部会幹部は「嘘つきは泥棒の始まりではなく、泥棒が嘘をついていただけだ」と強い口調で非難した。

今回の事件では、韓国軍艦が現場で何をしていて、どんな背景があって自衛隊機に照射したかが明らかになっていない。首相官邸と青瓦台を巻きこむ大問題に発展し、両国の安保協力に大きな禍根を残した。

傷ついた現場の信頼感

過去、外交関係がどんなにこじれても、市民や企業とともに韓国軍と自衛隊の「国防当局ライン」の交流が日韓関係を下支えしてきた。日韓の安保協力は日本の質の高い監視・探知技術を迅速に共有できる韓国側にメリットが大きいといわれ、韓国軍の現場は協力の重要性をよく理解している。特に陸軍中心の韓国軍の間では、海上自衛隊の持つ対潜哨戒能力などへの評価が高く、イージス艦や哨戒機などの運用について海自から指導や助言を受けてきた。「防衛の最前線に身を置く者同士として、好き嫌いや道徳にとらわれずにリアルに話ができる集団として友好関係を築いてきたのにその信頼に深い傷がついた」と自衛隊関係者は残念がる。

韓国側でも朴輝洛《パク・フィラク》国民大政治大学院教授（元陸軍大佐）は日本経済新聞の取材に、「現場でミスや誤解があると、従来は現場の実務者が意思疎通を図って再発防止策に努めてきた。北朝鮮の核の脅威にさらされる韓日両国は、米国との同盟関係を共有し相互支援を必要としている。両国の対立があらわになった今回の事態は残念だ」と話す。

韓国国防界の大物で、李明博《イ・ミョンバク》、朴槿恵両政権で国防相や大統領府国家安全保障室長などの要職を歴任した金寛鎮《キム・グァンジン》の不在を惜しむ声が日韓双方にある。金寛鎮は、国防相時代に軍のサイバー部隊に命じてネット上に李政権を擁護し革新系の野党議員を批判する書き込みをさせていたなどとして、文在寅政権下の17年11月逮捕された。

革新系政権への交代によって韓国軍の発言力が弱まっている。韓国内で問題視された自衛艦の旭日旗掲揚についても、韓国軍が「自衛艦旗をつけるのは国際的な慣行」と文政権に進言できなくなっているのが問題だと指摘する声がある。韓国のある大学教授は、「両国の現場同士に信頼関係が無かった。本来ならハプニングで終わるべきだったが、安倍、文両政権のもとでコミュニケーションが欠如している結果だ」と語る。そのうえで、日韓防衛当局の交流や協力を高めるべきだと訴えるが、傷ついた信頼の再構築には時間がかかりそうだ。結果的に、日韓間の安保協力が弱まり北朝鮮を利する形になっている。

幻の10・8大統領来日

歴史に「イフ」は禁物だといわれる。それでも、あのとき、韓国の文在寅大統領が日本の地を踏んでいれば、日韓関係はここまでひどくならなかったのではないかと今でも思う。

２０１８年10月９日、東京・虎ノ門のホテルオークラで「日韓パートナーシップ」宣言20周年記念シンポジウムが開かれた。１９９８年に未来志向の関係発展をうたった日韓政治史に残る宣言を交わしたのは、当時の小渕恵三首相と金大中《キム・デジュン》大統領。この日、記念シンポジウムの会場には、小渕と金大中のそれぞれ次女と三男である小渕優子と金弘傑《キム・ホンゴル》とともに、安倍

「日韓パートナーシップ」宣言20周年記念シンポジウムであいさつする安倍晋三首相（東京都内）＝筆者撮影

晋三首相が駆けつけた。もう1人の主役となるはずの文在寅の姿はなかった。

同じ頃、ソウルの青瓦台では金宜謙《キム・ウィギョム》報道官が文在寅の訪欧日程を発表していた。18年10月17〜18日のバチカン公式訪問の際にローマ法王と会談し、法王を平壌に招待する北朝鮮の金正恩《キム・ジョンウン》委員長の意向を伝えると明らかにした。日韓関係より南北関係の発展を優先する文政権の立ち位置が鮮明になるシーンだった。

「21世紀に向けた新たな日韓パートナーシップ」の副題を冠した1998年の日韓共同宣言は、日本が韓国に対し、過去の歴史への反省とおわびを初めて公式に明文化。韓国も戦後の日本の民主主義や平和への取り組みを高く評価した。両国の歴史問題に区切りをつけ、和解と新時代の始まりを宣言する画期的な内容と日韓双方でいまでも評価が高い。

宣言発表当時、安倍は40代前半で血気盛んな若手の保守政治家の1人だった。宣言の内容には慎重な立場だったとされており、宣言発表に先立ち当時、小渕政権の外相だった高村正彦のもとに押しかけて圧力をかけた、と安倍自らが記念シンポジウムのあいさつで明かし、来賓として出席していた高村にわびた。

シンポジウムのあいさつで安倍はこう言葉を継いだ。「様々な世論などの圧力を乗り越え、大所高所から責任者は決断していくことによって、初めて両国の関係は未来志向となり、前進していく」。その言葉は、ソウルにいる文在寅へのメッセージのようにも、自らに言い聞かせているようでもあった。

飛ばない「シャトル外交」

文政権発足以来、対日政策で1つの構想が温められてきた。日韓共同宣言20周年の2018年10月8日に合わせて文在寅が国賓として来日し、安倍との間で未来志向型の日韓共同のプロジェクトと、歴史問題をめぐる新たな対応策を盛り込んだ新共同宣言を発表する、というものだ。両首脳の信頼関係を築くため、文在寅の来日を、首脳間で両国を行き来する「シャトル外交」の第1弾にする思惑もあった。

「20周年」という宣言の節目を重視してきたのは韓国外交当局だった。翌２０１９年は日本統治下の朝鮮半島で１９１９年に起きた最大の抗日独立運動「三・一運動」１００年記念式典など、日韓関係が逆風下にさらされるイベントが相次ぐことが念頭にあった。

韓国政府は早い段階から布石を打った。17年末、文在寅は、来日する康京和《カン・ギョンファ》外相を通じて安倍に「意義深い年に両国が新しい未来をともに開くことを期待する」と宣言20周年に向けた友好のメッセージを送った。韓国政府は年が明けた18年の政府の業務報告に、同年の平昌冬季五輪とともに日韓共同宣言20周年を「両国関係を引き上げる契機に活用する」と明記した。

文在寅訪日のタイミングの有力案としてこの頃、韓国側は宣言20周年の「10月」を日本側に伝えている。大統領側近の間では、安倍が地元の山口や近隣の福岡などに文在寅を招き、くつろいだ雰囲気の中で日韓新宣言を発表するシナリオが検討されていた。

日韓共同宣言20周年を祝うには、文在寅の来日は18年末がデッドラインになる。来日の成否は、日韓の懸案拡大を食い止めるだけでなく、北朝鮮の非核化や日本人拉致問題などを見据えた日韓連携の行方も左右する。河野太郎外相らも文在寅の18年中の公式来日を歓迎する意向を繰り返し示した。同年5月に東京で開いた日中韓首脳会談の際の日韓首脳会談では、安倍と文在寅がともに自国への公式訪問を招請した。10月8日の文の公式来日が日韓の外交案件に浮上した。

相次ぐ逆風

風向きが変わったのは18年の夏のことだ。第二次世界大戦中に日本の製鉄所で働かされた韓国人元徴用工4人が新日鉄住金（現日本製鉄）に対し損害賠償を求めていた訴訟について、韓国大法院が審理を進める方針を明らかにした。13年のソウル高裁による差し戻し控訴審からすでに5年がたっていた。当時のソウル高裁は同社に計4億ウォンの支払いを命じており、大法院もこの判決を確定させるとの見方が強かった。

日本政府や企業には到底受け入れられない。元徴用工を含め日本統治時代の損害賠償問題は1965年の日韓請求権・経済協力協定で「完全かつ最終的に解決」したと判断しているためだ。韓国側も歴代政府は同様な立場を示してきた。

関係者によれば、韓国政府は、少なくとも2回にわたり20年前に日韓共同宣言を署名した「10月8日」に合わせた文在寅の来日を日本側に持ちかけた。

日本政府は韓国側に対し、首脳会談の場で文在寅が徴用工問題の解決への前向きな姿勢を明示するよう迫った。だが青瓦台は、大法院判決は司法の問題であり行政は介入できないとの立場を崩さなかった。日本政府、とりわけ首相官邸は徴用工問題では譲歩する姿勢をみせなかった。

2018年後半に日韓関係を揺さぶる事件が相次いだことが、文在寅の来日にさらなる逆風となった。9月25日の米ニューヨークでの日韓首脳会談で、文在寅は安倍に対し、2015年の日韓合意に基づき韓国政府が設立した元慰安婦支援の財団について、「解散を要求する声が強い」と告げた。韓国メディアは「事実上の解散を通告した」と伝えた。

韓国政府で慰安婦支援を担当する女性家族相は、2018年1月の韓国紙インタビューですでに財団の年内解散を望む考えを示していた。存命の元慰安婦のうち、すでに7割超に日本からの資金を元手とする現金が財団から支給されている。徴用工と慰安婦問題をめぐり、「なぜわざわざこの時期に日本との対立を先鋭化させる必要があったのか」と疑問視する声が韓国メディア関係者からも漏れた。

北朝鮮も日韓間にさざ波を立たせた。金正恩委員長が18年の年初から韓国や米国に急接近すると、韓国政府は北朝鮮への強硬姿勢を封印し、従来通りの圧力維持を訴える日本との間で溝が広がった。

徴用工問題で事前の擦り合わせのないまま文在寅が来日すれば、徴用工問題とともに、文が意欲を燃やす朝鮮戦争の終結宣言のタイミングでも、慎重姿勢の安倍と衝突しかねない雰囲気だった。

文在寅の「10・8」来日構想はこうして急速にしぼんでいった。好機を逸した日韓関係は糸が切れた凧のように、さまよい始める。訪日断念が決まると、海上自衛艦の旭日旗掲揚問題や韓国大法院の徴用工判決、慰安婦財団の解散決定、韓国軍の竹島訓練など、韓国内で日韓問題の火種が急速に拡大した。19年にかけ、外交関係が「国交正常化以降で最悪」といわれる状況になるまであっという間だった。

2　利かない〝安全装置〟

漏れた〝本音〟

文在寅大統領の〝本音〟が漏れた。2019年1月10日、青瓦台で開いた年頭記者会見で、NHKのソウル支局長から、18年10月末に韓国大法院が日本企業に元徴用工への賠償を命じる判決を確定させたことへの対応を聞かれると、「韓国は三権分立の国で判決は尊重せざるを得ない」と述べた。さらに文は「日本は判決に不満があったとしても『仕方がない』との認識を持つべきだ」と、日本側に判決を受け入れるよう促したのである。

この日の会見は、質問の機会を特定のメディアだけでなく出席した内外の記者全員に認める「文在寅流」の運営方式だった。だが実際は、ほかの外国メディアが次々と文に質問をぶつける中で日本メディアはことごとく指名されなかった。徴用工に関する質問も、文在寅は本来、後方に座っていた欧州メディアの記者を指したのを、会見場の係員の勘違いによって

ＮＨＫにマイクが渡されたハプニングで実現したのが真相だった。

文在寅は苦笑を浮かべながらも、質問への答えは容赦なかった。「日本の政治指導者が政治的な争点とし、問題を拡散させているのは賢明ではない」と日本側に批判の矛先を向け、「過去の不幸な歴史が原因だ。日本政府はもう少し謙虚な立場をとるべきだ」と畳みかけた。大法院判決を「国際法違反」と指摘する安倍晋三首相や河野太郎外相らを念頭に置いた発言なのは、明らかだった。

元徴用工の請求権問題は１９６５年の日韓請求権・経済協力協定によって「解決済み」としてきた歴代韓国政権の見解には触れずじまいだった。日本側が首を長くして待つ韓国政府としての対応策を示す時期をめぐっては、朴槿恵前政権が元徴用工裁判の先送りを大法院に働きかけたとされる疑惑の捜査を見極めてから判断する考えを示した。年頭会見は、日韓関係の改善を政権の優先課題に位置づけない文在寅の姿勢を浮き彫りにした。

甘えの体質

文在寅は最初に大統領選に挑んだ２０１２年の選挙戦で、「対日『五大懸案』解決に関する構想」を発表した経緯がある。主な内容は、①独島（竹島）に関する日本の挑発には決して妥協しない、②慰安婦問題は日本政府に法的責任を問う、③植民地統治期に韓国人を強制徴用した「日本の戦犯企業」は韓国での入札を規制する――など。日韓がともに領有権を主張する竹島には自身も16年7月に上陸した。

徴用工判決への対応策については、当初、韓国側の関係者は「発表まで時間はかからない」と楽観視していた。だが、青瓦台は韓国政府の検討を李洛淵《イ・ナギョン》首相に丸投げする。李の作業チームは国内世論と従来の政府見解の板挟みになり、立ち往生する。

日本通の李洛淵や韓国外務省は日韓請求権協定の重みを十分にわかっている。しかし、青瓦台には、そもそも韓国政府が元徴用工の補償問題にすべて責任を負うという発想がない。「司法の決定に政府が介入すれば、弾劾された朴槿恵と同じ運命をたどる」（関係者）との恐怖心が青瓦台を覆っていた。

韓国政府に打つ手なしの状況が長引く間にも、徴用工裁判の原告らは韓国で敗訴した日本企業の韓国内資産の差し押さえを始めた。文在寅は記者会見で、「（日韓両国が）互いに知恵を出し合うことが重要だ」と日本の歩み寄りも求めた。戦後70年以上がたった今でも韓国では、「日本人は加害者、われわれは被害者。だから日本に責任がある」との言葉をよく聞く。韓国メディアも日本大使館前の慰安婦少女像設置や大法院判決が国際法に違反している本質論をほとんど取り上げない。韓国専門家は、「韓国政府にもメディアにも、日韓間の懸案は日本が解決策を示してくれるはずという甘えの体質がある」と語る。

南北融和に放置される

2時間に及んだ文在寅の年頭会見の大半は、北朝鮮の非核化と南北関係、国内経済に割かれた。南北経済協力に弾みをつける鉄道や道路の連結に触れ、「韓国経済の新しい活路になる」と推進に意欲を示した。とりわけ南北経済協力では稼働が中断されている開城《ケソン》工業団地と金剛山観光事業の再開に期待を示した。

文在寅は、「南北関係で韓国が主導的役割を果たしてこそ、米国や中国、日本への発言力が強くなる」との揺るぎない信念を持つ。米韓関係や中韓関係、日韓関係よりもまずは南北関係の改善に突き進もうとする。低下傾向をたどる文在寅の支持率が一瞬、跳ね上がるときがある。18年9月で3回目となった北朝鮮の金正恩委員長との南北首脳会談の直後もそう

「三・一独立運動」100年記念式典では朝鮮半島を描いた「統一旗」も数多く振られた（ソウル）

だ。韓国では非核化の進展の有無にかかわらず南北融和は好意的に受けとめられやすい。それが文在寅を勢いづかせる。

北朝鮮もそんな文在寅を巧みに利用している。金正恩は19年1月1日の新年の辞で、開城工団、金剛山観光の両事業について、「前提条件や対価なく再開する用意がある」と秋波を送った。両事業で稼いだ外貨は金正恩の統治資金となる。文在寅は「大変歓迎する」と喜び、南北首脳会談で合意した金正恩のソウル訪問も「遠くない時期に開かれる」との見通しを示した。南北関係ばかりが優先され、日本は後回しにされる構図が続く。

日本政府は徴用工判決への対応策を明らか

にしない韓国政府に業を煮やし、１９６５年の日韓請求権協定に基づく政府間協議を韓国政府に要請した。だが、徴用工問題を紛争処理の手続きに持ち込みたくない韓国政府は沈黙を決め込んだ。賠償請求権問題を解決済みとした日韓請求権協定が戦後の日韓関係の基盤となっていることへの認識は乏しい。

韓国はなぜ過去の合意や取り決めを蒸し返すのか。静岡県立大の奥薗秀樹准教授は日本経済新聞のインタビューで、「日本も明治期に不平等条約の改正に苦労したが、韓国の人々には、日本との65年体制は不平等なもので、いまや自分たちは力がなかった過去の自分たちではないんだとの思いがあるようだ」と、韓国人の対日意識の変化を指摘した。

経済関係にも暗い影

徴用工問題をめぐり、韓国首相の李洛淵は18年末、日本側に「時間がかかる」と伝えている。徴用工問題の「放置」による関係悪化は、経済関係にも暗い影を落としている。日韓企業のトップらが参加し１９６９年から毎年続いている日韓経済人会議の２０１９年の開催が、当初予定の5月から19年後半に延期された。18年5月の前回会合では、経済分野で「貿易戦争の様相をみせる保護主義への懸念、市場の変動の高まりなどが顕著になってきている中、日韓のより緊密な協力が必要」などとする共同声明を発表した。

日韓経済人会議の延期について経団連の中西宏明会長は19年3月の記者会見で、「日韓経済は相当結びついているので良い関係でないと困るという思いは韓国の経済界と共有している。特効薬は非常に難しいが、民間ベースの交流は決して逃げだしてはいけない」と述べた。経済界の悲鳴を日韓両政府は受けとめているだろうか。

13年までの保守系の李明博政権で駐日韓国大使を務めた申珏秀《シン・ガクス》は日本経済新聞に、「かつては関係が悪化しても水面下では改善に動いたが、いまはその努力がみられない。それが怖い」と語った。

日韓「1強」構造の弊害

日韓当局の〝ガチンコ〟対決は、両国の政治構造に起因している面もある。

2018年12月20日、日本海上で起きた韓国軍艦による海上自衛隊機へのレーダー照射問題は双方が自らの主張の正当性を国際世論に訴え、その後の日韓の安全保障協力に不安を強める一大事件となった。

火器管制レーダーの照射は攻撃の前提とされる。ともに米国と同盟を結ぶ友好国同士でなぜそれほど危険な行為が起こったのか、謎は残ったままだ。海自と韓国海軍は交流を重ね、不安定な日韓関係にあって一定のパイプを維持してきたからだ。

事件の翌21日に岩屋毅防衛相が公表し、再発防止を強く求め、外交ルートを通じて韓国に抗議した日本の対応も日韓の関係者を驚かせた。

取材を総合すると、防衛省・自衛隊内でも事件から間を置かずに対外的に発表するかどうかをめぐり賛否が割れた。日韓関係の悪化を覚悟して発表に踏み切ったのは、首相官邸、とりわけ安倍晋三首相の意向が大きかったという。

そこには世論の後押しがある。日本経済新聞社の19年1月25～27日の世論調査では、レーダー照射問題をめぐる日本政府の姿勢について、「もっと強い対応をとるべきだ」が62％で最も多かった。「静観すべきだ」は24％で、「もっと韓国側の主張を聞くべきだ」は７％にとどまる。

植民地時代の記憶から「自衛隊」への警戒感がいまなお強い韓国でも日本への強硬対応を

韓国は青瓦台に権力が集中している（ソウル）

望む声は多かった。韓国の世論調査会社リアルメーターが19年1月14日に発表した調査によると、元徴用工訴訟やレーダー照射などで悪化する対日外交への文在寅政権の対応について、45・6％が「より強硬に対応すべきだ」と回答した。「対応は適切」が37・6％で続き、「自制すべきだ」は12・5％だった。

海上自衛隊と韓国海軍は国防の最前線で築いたパイプの1つだ。北朝鮮問題で日韓の連携は欠かせない。その現場がレーダー照射問題の震源地となった。韓国外交筋も「日本との対立を激化させたくないのが現場の本音だが、政権のメンツがかかり、引けない戦いになった」と振り返る。日韓両政権ともに「毅然とした外交・

安全保障」を標榜しているため、「日韓の当局が政権中枢の意向を気にする傾向が強まっており、現場間の意思疎通が衰えている」との見方が双方の専門家から漏れる。日韓ともに「1強」体制が両国の外交・安全保障の方向性を規定しているのが現状だ。

韓国大統領は巨大な権限から「帝王的な大統領」と呼ばれる。青瓦台があらゆる政策の司令塔となる。それゆえ、歴代大統領は親族や周辺も含めて賄賂の誘惑が絶えず、スキャンダルを生んできた。青瓦台の権威の大きさについて19年1月、大手紙・朝鮮日報が社説で取り上げた。

それによると、大統領府の経験の浅い行政官が、本来は担当外の陸軍幹部人事に関する資料を手に陸軍参謀総長を休日に呼び出して個別に会い、さらにその資料を紛失した。陸軍のトップでさえ文在寅政権が唱える「積弊の清算」を気にして大統領府の行政官の呼びだしに応じ、さらに人事資料の紛失も青瓦台内で大きな問題にされなかったという。社説は「行き過ぎた権力の私物化」と批判的に論じたが、韓国社会での青瓦台の「1強」ぶりを示すエピソードだ。

韓国では大統領に近いほど権力が大きいとされ、電話で大統領秘書官の知り合いだと偽って大企業に潜り込み、後で発覚したといったたぐいの話があふれている。

あらゆる人事権を握る大統領は「1強」になりやすい。李明博、朴槿恵と直近2人の大統領経験者が収賄などで実刑判決を受けて収監されるなど致命傷を受けた保守派がダメージから立ち直れないことも、革新系の文在寅の地位を確固たるものにした。野党の体たらくぶりは日本と似通う。

安倍政権も日本で長く「1強」だ。幾たびかの政治改革を経て首相官邸に機能が集まるシステムができあがり、「政高党低」の権力構造が定着した。防衛、外交も基本路線は国家安全保障局（NSC）で定められ、その大方針に従って、防衛省や外務省が〝実動部隊〟として動く。

安倍の任期は、2021年9月とゴールが視野に入ってきたが、衆目の一致する「ポスト安倍」が見当たらず、自民党内からは安倍4選構想までささやかれ始めた。ある自民党関係者は、「党の部会は韓国に対しては強硬論一色だが、北方領土が話題になると口を塞ぎがち。みんな官邸を向いている」と語る。

韓国人元徴用工訴訟や韓国軍艦による自衛隊機へのレーダー照射などをめぐる日本と韓国

の対立が泥仕合にまで発展した背後で、外交力の低下が顕著になっている。

2つの裁判

19年2月11日、朴槿恵政権当時の大法院長（最高裁判所長官）、梁承泰《ヤン・スンテ》がソウル中央地検に職権乱用などの罪で起訴された。日韓関係の悪化を危ぶむ当時の朴政権と結託し、徴用工訴訟の確定判決を遅らせたとされる事件だ。

筆者がソウルに駐在していた15年12月に取材した2つの裁判を思いだす。

記事で朴槿恵大統領の名誉を傷つけたとして韓国検察から懲役刑を求刑された産経新聞前ソウル支局長の無罪判決に先立ち、韓国外務省は検察を通じて、裁判所に日韓関係を考慮し善処を促す異例の要請をしていた。裁判長が判決を言い渡す前に自ら明らかにしたのだ。

この6日後には憲法裁判所が、戦時中に日本軍の軍属として働いた韓国人男性の遺族が求めた、「1965年の日韓請求権協定は財産権侵害で韓国憲法に違反する」との訴えを、「審判の要件を満たしていない」と却下した。もし憲法裁が違憲判断を下していれば、協定は韓国内で効力を失い、韓国政府は日本との再交渉を世論から迫られていた可能性もある。このときも背後で韓国政府が裁判所に働きかけていたとの話を耳にした。

2つの裁判からほどなくして日韓両政府は従軍慰安婦問題の合意をまとめ、長く暗いトンネルから抜けだした。韓国政府の意向が判決にどの程度影響したのかはわからない。政権側が裁判所にとった行為への受けとめも様々だろう。ただ仮に判決内容が変わっていれば、日韓関係が再び暗転していたのは想像に難くない。文在寅政権になって、当時の大法院長が職権乱用の罪で逮捕・起訴された。日本政府にも後味の悪い事件となった。

大法院が「元徴用工個人の請求権は消滅していない」とし、韓国人原告敗訴の二審判決を破棄、高裁に差し戻したのは2012年のこと。高裁は翌年の差し戻し控訴審で日本企業に賠償命令を下したが、大法院の判決が出れば外交関係を大きく揺さぶる事態はかねて予想されていた。控訴審から5年超が経過したことが、「大法院による意図的な遅延」と韓国で大きな話題になったのは、文政権発足後の話だ。

消える「外交の知恵」

日韓両国は、歴史認識の隔たりが経済活動や人的交流の障害となるのを、様々な外交術で乗り切ってきた。１９６５年の国交正常化の際は、植民地支配に関する１９１０年の日韓併合条約をめぐり、韓国が「不法かつ無効なもの」と主張したのに対し、日本側は、当時の国際法から合法だったが、１９４５年の終戦の時点で効力がなくなったとの立場を示し、最終的に両国は「もはや無効であることが確認される」と双方に便利な玉虫色の表現を生みだした。日本政府からの計5億ドルの資金についても、韓国側は日本政府の賠償だと、日本は経済協力資金だとそれぞれが自国民に説明できるようになった。

請求権・経済協力協定と妥協を土台に日韓関係は発展した。文在寅政権に近い外交専門家も「外交上の知恵」と評価してきた。

18年10月の判決で韓国大法院は、植民地支配時代の不法行為への慰謝料を求める権利は認められると判断した。文在寅の対応は「判決を尊重する」。日韓史の歯車が逆回転し始めた。大法院判決は、韓国からすれば、かねての主張が裁判所で認められたにすぎないのだという。日本にとっては正式な外交交渉によって生みだした解決や先人の知恵をないがしろにされたとの思いが強い。文在寅政権下で、日韓両国が様々なルートで長年積み重ねてきた努力が無視される。まるで１９６５年の日韓国交正常化以前に戻ってしまったような光景だ。

互いに国益をかけてぶつかり合う外交に〝完全勝利〟はあり得ない。外交の世界では「51対49が外交の妙」ともいわれる。慰安婦合意も「被害者が存命のうちに」と年内の決着を急いだ朴槿恵政権と、国内の支持層の反対を押し切って日韓関係を打開しようとした安倍晋三政権による妥協の成果だった。当時、慰安婦合意は、日韓外交でとかく論じられてきた「勝ち負け」でなく、互いに歩み寄った点も評価された。政権交代のたびに過去の取り決めが白紙に戻るのでは、国家間に信頼関係を築いて手を結ぶのは難しい。

弁護士出身の文在寅は自身の短所を「潔癖主義」と評したことがある。「白か黒か」といったわかりやすい結論を好み、曖昧を嫌う性格なのだろう。文在寅周辺からも「経済政策を見ての通り、大統領は頑固だ」と聞いたことがある。外交にはなじみにくいと思わざるを得ないが、政治家には支持層に嫌われるリスクを伴う決断もときに必要なことを文在寅もわかっていると信じたい。

途切れたパイプ——日韓議員連盟の衰退

首相官邸と青瓦台が外交紛争の先頭に立ち、角を突き合わせる光景は、両国をつないできた政界チャネル、日韓議員連盟の衰退を物語る。

　１９７２年に創設した日韓議連は、数ある議連の中でも「名門」として知られる。歴代会長には、船田中、福田赳夫、竹下登、森喜朗ら首相・国会議長経験者を中心に実力者が名を連ねる。65年の国交正常化以降、教科書問題や漁業問題など歴史に関わる政府間交渉が暗礁に乗り上げるたびに政界の調整チャネルが稼働し、懸案を処理してきた。

　現在の議連会長である額賀福志郎・元財務相は、議連幹事長時代の２０１０年４月15日付日本経済新聞夕刊のインタビューで、次のようなエピソードを紹介している。

「（１９９７〜98年の）アジア通貨危機で韓国ウォンが安くなったとき、（韓国側のカウンターパートである）韓日議員連盟の幹部が日本を訪れ、『協力をお願いしたい』と言ってきた。竹下登会長は『わかった、きちっとします』と。大蔵省や政府系金融機関などに連絡をとって韓国の経済、金融を全面的に支援する体制を敷いた」

　議連が果たした役割は政治、経済分野にとどまらない。額賀の述懐が続く。

「２００２年のサッカーのワールドカップ（Ｗ杯）の（日韓共催という）体制をつくったのも竹下と日韓議連ですよ。竹下流で開会式は韓国に花を持たせて、閉会式は日本にした。森喜朗会長時代も日韓でシャトル便がスタートし、文化交流の垣根も低くなった」

韓国側の韓日議員連盟も会長には金鍾泌《キム・ジョンピル》や朴泰俊《パク・テジュン》といった首相経験者ら大物が就き、韓国政界を束ねた。今日、文在寅大統領率いる革新政権が保守潰しの「積弊清算」（保守政権時代に積み上がった害悪を一掃する政策）を進めるなかで、金鍾泌は2018年6月に92歳で死去した。いまから半世紀以上も前に韓国はどんな状態だったのか、朴正熙《パク・チョンヒ》元大統領や金鍾泌は、どんな思いで日本との国交正常化に踏み切ったのか。筆者は日本経済新聞に金鍾泌の評伝をしたためながら考えた。

礎を築いた自負と悔しさ――金鍾泌の死

アジア有数の豊かな国と民主国家の基礎を築いたのは自分たちだと金鍾泌は生涯にわたり自負を持ち続けた。1951年、朝鮮戦争のさなかに、韓国陸軍から米サンフランシスコの兵学校に派遣された20代の韓国青年は、芝生の上でビキニ姿の若い女性がはしゃいでいるのをみて、「地球上にこんな国があるのか」と目を丸くした。

「いつかこういう国をつくってやろう」と誓う。が、韓国は植民地支配から解放されてから間もなく貧乏のどん底だった。夕食時は電灯が消えてろうそく頼み。コメは炊くと砂のようにぽろぽろこぼれ落ちた。経済力を持たなければ自由も民主主義も不可能だ――。「恒産なきものは恒心なし」という孟子の言葉を心に留めた。

韓国の独力では限界がある。朴正熙とともに主導した1961年の軍事クーデターで国家を掌握すると、金鍾泌は朴正熙の指示で2カ月かけて全国の生産施設を見て回った。大手企業の工場が集まる釜山で目にしたのは、蓋が回らず、チューブの横から中身が飛び出てしまう歯磨き粉。口の中が毛だらけになってしまう歯ブラシ。体や頭を洗った軍人の毛が抜けてしまう通称「脱毛せっけん」――。経済活動は惨憺《さんたん》たるものだった。ソウルに戻ると、「こんな惨めな状況です」と朴正熙にありのままを伝えた。

こうして、朴正熙の右腕として日本との国交正常化交渉に突き進んでいく。日韓交渉のハイライトは62年、当時の外相、大平正芳との東京都内での2回の会談だ。対日賠償請求権に代わる日本からの経済協力資金の額をめぐり日本政府と真っ向から対立した。

一進一退の激しい攻防の末、金鍾泌が日本史でよくたとえに使われる句を引き合いに出し、「鳴かぬなら鳴かせてみてほしい」と迫ると、最後は大平が「貴国の未来に向かっての

金鍾泌元韓国首相（元韓日議員連盟会長）（2015年、ソウル）＝筆者撮影

前進をお手伝いいたしましょう」と応じた。3億ドルの無償供与と2億ドルの有償供与を柱とする「大平・金メモ」が交わされ、計14年間に及ぶ日韓交渉を打開した。金鍾泌は当時、36歳の若さだった。

65年6月22日、朴正熙政権は、「屈辱外交」などと韓国国内に吹き荒れる反対論を押し切って日本との国交正常化を果たす。朴は特別談話を発表し、「昨日の怨敵だとしても、今日と明日のために必要であるならば日本とも手を携えるのが国利民福を図る賢明な方法だ」と国民に呼びかけた。

日本から得た巨額資金で製鉄所や高速道路などを建設する。韓国の高度経済成長は「漢江《ハンガン》の奇跡」と呼ばれ、その後、世界有数のＩＴ（情報技術）国家となる礎を築いた。

２００４年12月、ソウルの自宅で、金鍾泌は筆者に何時間にもわたり、国交正常化当時の話を昨日の出来事のように語ってくれた。この年の春、筆者は10選を狙った金鍾泌最後の戦いとなる韓国総選挙を地元・忠清道《チュンチェンド》地域で取材した。現地で偶然出会った日本統治時代に金鍾泌とクラスメートだったという70代後半の韓国人男性から、「勉強はもちろん、楽器も漢詩も何でもできる小学校のスターだった」と聞いた。

金鍾泌は幼少期からあらゆる分野の日本の書物を読みあさり、日本の良さも悪さも知り尽くしていた。日韓国交正常化交渉当時、織田信長や豊臣秀吉、徳川家康といった戦国武将のエピソードをちりばめながら日本政府に決断を迫り、首相の池田勇人や大平ら日本側の歴戦の猛者らをも驚かせた教養は、日本統治下で培われたものだった。

金鍾泌は、韓国の国力を高めるには日本と手を握るほかないと腹を決めていた。国内政治では政敵の金大中元大統領とも手を組んだ。清濁併せのむ政治家で毀誉褒貶《きよほうへん》がありながらも、韓国の現代政治史を刻む主役の１人となった。

国交正常化後、政界随一の知日派として長年にわたって第一線に立ち続けた。日韓の外交問題に発展した１９７３年の金大中拉致事件では、韓国首相として大統領、朴正熙の親書を携えて来日し、日本側に陳謝した。中曽根康弘、竹下登ら実力者との交流は、政府間協議が立ちゆかなくなったときの安全弁となった。

現在の文在寅政権は、軍事独裁下で日本政府と結んだ日韓請求権・経済協力協定も「積弊」に位置づける。長期独裁の朴正熙は1979年、側近に暗殺された。その長女の朴槿恵は大統領罷免後に逮捕され拘置所暮らしが続く。

金鍾泌は晩年、自身が韓国を発展させるための日本への協力姿勢を、革新系勢力のやり玉に挙げられた。「彼らは惨めな生活を経験していないんですよ」。ソウルの自宅で聞いた言葉の端々に、自負と悔しさがにじんでいた。戦後の「日韓1965年体制」を牽引した金鍾泌の死は1つの時代の終わりを告げる。

世代交代も影響

1990年代の自民党単独政権の崩壊や小選挙区制導入に伴い、党内派閥が事実上崩壊した。日韓外交は、両国のボス同士が双方の与野党を束ねて落としどころを探るという、従来の折衝スタイルがもはや通用しなくなっている。

従軍慰安婦問題で天皇陛下の謝罪を要求し、日本政府が撤回を迫った問題も発言した文喜相《ムン・ヒサン》国会議長は韓日議員連盟の会長経験者だ。日韓両国の「知韓派」「知日派」の層の薄さを物語る。２０１８年10月、日本企業に韓国人元徴用工への賠償命令を確定させた最高裁判決の直後に、日韓議連会長の額賀は、かつて韓日議連の幹事長を長く務めた韓国首相の李洛淵と連絡をとった。李から日本側には「時間がかかりそうだ」との言葉のみ。かつての議連の面影はそこにはない。

　双方の世代交代も影を落としている。

　２０１５年、日韓国交正常化50年に合わせてソウルでインタビューした、韓国元首相の李《イ・》洪九《ホング》（当時81歳）の話は興味深い。その一部を紹介する。

「私が小学校1年生のときに第二次世界大戦が始まった。校長先生は日本人だった。校長先生が、『日本が米国と戦争することになった』と私たちに話したのが１９４１年12月８日。生々しく記憶している。65年に国交正常化した後の日韓関係を振り返ると、最初の30年間は、指導者同士の会議でいったん座れば最初は通訳が入っても、日本語であらゆることを話した。すべての物事が早く済んで、お互いすぐに理解できる世代だった」

「その後の20年は変わった。政府の閣僚同士が会談するときは、ほかの国と同じように通訳が必要になった。単純な言語の問題だけでなく、歴史への認識も少し変わった。例えば、安倍晋三首相は1950年6月25日に始まった（朝鮮）戦争の後に生まれ、朴槿恵大統領は（朝鮮）戦争の最中に生まれた。私は当時大学生だったが、朴槿恵大統領や安倍首相の世代が話す植民地時代のことは本で読んだ話であり、実際に本人が体験したものではない。だから実感が異なる。韓日関係がいま困難な状況にあるのは、両国とも一気に世代交代したことが大きい」

日韓がともに世代交代したいま、安全保障や経済面で不測の事態を避けるため、途切れたパイプの修復と再構築が必要になる。

第　2　章

「反日」の構造

1　気がつけば反日

「順法」vs「正義」の確執

日本と韓国は、隣国とはいえ外交交渉で重視する視点や価値観が異なり、それによって衝突することがしばしばある。歴史問題や安全保障が絡むとなおさらだ。いわゆる徴用工問題や韓国軍艦による自衛隊機へのレーダー照射問題は、その典型的なケースだといえる。

2018年10月30日、韓国大法院（最高裁判所）で日本企業に韓国人元徴用工への賠償を命じた判決が確定すると、安倍晋三首相は首相官邸で記者団の前に立った。「判決は国際法に照らして、あり得ない判断だ」。その後、衆院本会議の代表質問への答弁でも、「国際法に基づき毅然と対応する」と強調した。日韓関係の法的基盤を根底から覆すような韓国には一歩も譲らない姿勢を示した。

日本は国際法との整合性を重視する。日本人は、幼い頃から「約束を守りなさい」と厳しくしつけられる。家族や友達との約束以外にも、学校には「校則」が、社会や国家間では「法律」や「合意」「条約・協定」などのルールがある。極論すれば「悪法も法」とされるほど順法精神が強いのが日本人のイメージだ。

だからこそ、韓国政府の言動を理解するのが難しい。１９６５年の日韓請求権・経済協力協定で、「完全かつ最終的に解決された」と明記した元徴用工への補償を日本企業に命じた18年の韓国大法院の判決は明確な協定違反だ。さらに、従軍慰安婦を象徴する少女像をソウルの日本大使館前と釜山の日本総領事館前に建てた行為も、在外公館の「安寧と威厳」を守ることを関係国に義務づけたウィーン条約に抵触する。日本政府はそうとらえている。

韓国司法の論理は違う。日本に動員された元徴用工のような「非人道的な不法行為」は日韓請求権協定の対象外と位置づける。過去の日本の対応を「不誠実」と断じ、日本企業に補償責任が残っているとみなす。日本の在外公館に置かれた慰安婦少女像に関しても、「すでに歴史的な遺跡になっている」（韓日議員連盟幹部）などの理由で撤去できないと主張する。

日本人は納得できない。徴用工の補償問題は国家対国家の正式な取り決めだ。大法院の判決によって覆され、国交正常化後50年間の両国の歩みまで否定されかねない。それでも韓国の世論は、軍事独裁政権時代の合意に未来永劫縛《えいごう》られるのはおかしいと判断する。国家間の約束とは別に、元徴用工と日本企業の間の民事の問題は依然として残っており、被害者には十分な補償が与えられるべきだ。それが正義であり、そのことによって日韓関係が傷つくことはないと楽観的に考える。

「国民情緒法」

日韓双方の主張はまったくかみ合わず、接点を見つける作業は困難を極める。問題が複雑になるのは、韓国政府が日本との外交の場に国民の情緒や感情などの「情」を持ち込むからだ。「韓国では法律や憲法の上に『国民情緒法』がある」といわれるように、目にみえない「情」がときに法律や条約をも超越する。「民心」を最優先する文在寅政権はとりわけその傾向が強く、行政や司法は世論の動きに流されやすいといわれる。

2017年5月、就任したばかりの文在寅大統領は安倍晋三首相との電話協議で、15年末の従軍慰安婦問題をめぐる日韓合意では、「韓国国民の大多数が情緒的に受け入れられないのが現実だ」と述べ、国家間の合意よりも国民情緒を優先する韓国政府の立場を日本側に伝えた。これにより、「最終的かつ不可逆的な解決」を盛った慰安婦合意は宙に浮いた。18年11月、韓国政府は慰安婦合意の柱である元慰安婦支援の財団の解散を一方的に決め、日本側に通告した。

韓国軍艦による海上自衛隊機へのレーダー照射問題をめぐり、韓国側が19年1月に発表した見解文でも、「事案の本質は哨戒機の低空脅威飛行だ」と表明。「脅威」との感情論で国際世論に訴えた。「日本の指導者の勇気ある姿勢が必要」「日本は自発的な真の謝罪を」——。韓国がよく使う表現には「勇気ある」「真の」など観念的な表現が目立つのが特徴だ。

異なる「法への感覚」

「法」への感覚が日本と韓国では異なると、世宗研究所の陳昌洙《チン・チャンス》日本研究センター長は指摘する。日本経済新聞の特集でインタビューした際、「日本人は法律を守ることに重きを置く。韓国人は法律が間違っていると感じたら、改正して良い方向に持っていこうとする。前の政権が誤ったことをすれば直すのが当たり前だと思う。これが日本から韓国は法律を守っていないと誤解される部分だ」と説明した。

韓国は保守と革新が敵対しているため、政権が交代すると政策の継続性が保ちにくい。

2017年3月に朴槿恵前大統領が逮捕された直後、ソウルの南大門市場で話を聞いた韓国人女性は、「朴槿恵が約束したものは信頼できない」と語気を強めた。日韓の請求権・経済協力協定や慰安婦合意に導いたのは、朴正熙と朴槿恵の父娘だ。そうした歴代保守政権の政策を「積弊」呼ばわりし、それを一掃する「積弊清算」を訴えて当選した文在寅は、「保守政権の政策をそのまま受け入れるわけにはいかない」と周辺に語る。

韓国での政策の大転換は対外政策まで巻き込む。政権交代のたびに内政・外交政策が揺らぐという構造的な問題が韓国にはある。

日本からみれば「法軽視」「合意軽視」に思える韓国人の意識や行動は、陳昌洙によると、「民主化運動の中で育まれた文化」だ。韓国では軍事独裁下の1970～80年代に全国各地で学生運動や民主化運動が繰り広げられた。検察・警察や情報機関に制圧されながらも、最終的には世論や国際社会の圧力に押された韓国政府が1987年に民主化宣言を発表するに至る。軍事政権と戦った末に民主化を勝ち取ったという歴史と自信によって、個人や人権を尊ぶべきだという世論が強く、政府の対日政策でも、歴代政権が結んだ法律や国家間の合意の順守よりも、「正義」や「道徳」といった観念を尊ぶ風潮を生みだした。

法の遡及もタブーではない

新しく法令が制定された際に、制定前の事実までさかのぼって適用されることがないという近代法の一般原則ですら、「情」パワーの強い韓国では無視されることがある。

その典型例を、筆者が最初に韓国に駐在した2000年代半ばに目の当たりにした。当時の盧武鉉《ノ・ムヒョン》政権下で制定された「親日・反民族行為者財産の国家帰属に関する特別法」だ。同法によって、日本統治時代に朝鮮総督府に協力したり、警官だったりした当時の「親日」派の子孫を捜しだし、財産を没収したのである。文在寅も政権メンバーだった。

同法の制定は「過去の清算」活動の一環として進められた。「歴史の立て直し」を主張した1990年代の金泳三《キム・ヨンサム》政権では、全斗煥《チョン・ドファン》、盧泰愚《ノ・テウ》両大統領経験者による過去の軍事クーデターや光州事件などの責任を追及するため、時効を停止する特別立法までして逮捕（後に恩赦）した。

「植民地時代のことを、戦後にできた韓国憲法や法令を基準に判断するのは信じがたい」。

「親日」子孫の財産没収に対し、日本国内でこうした驚きの声が相次いだが、韓国では一部の保守メディアを除いては疑問視されなかった。

法の不遡及の原則がみだりに破られれば、当時は合法だっだとしても後に誤りだったと判断するといくらでも過去にさかのぼって適用されてしまう恐れがある。韓国政権が内政や対日外交の支柱に国内の正義や道徳を据えていく限り、日韓外交は漂流するリスクから逃れられない。

韓国司法の反乱

韓国の裁判所では2010年代に入り、日本との国家間の約束を「ちゃぶ台返し」するような判決が相次いでいる。その底流には、現代史に根付く韓国特有の事情がある。

日本企業に韓国人元徴用工への賠償を命じた大法院判決で、韓国政府は「韓国憲法の精神」を根拠に持ちだした。

新日鉄住金（現日本製鉄）、三菱重工業への賠償命令が相次いで確定した、2018年10月30日と11月29日の大法院判決は実は、予想された内容だった。前述の通り、すでに12年に大法院が、個人の賠償請求権は消滅していないとして元徴用工ら原告敗訴の二審判決を破棄、高裁に差し戻した時点で大法院判決への流れは決まっていたからだ。12年の差し戻しの際、大法院は「(同様の訴訟で韓国人原告敗訴が確定した) 日本の判決は植民地支配が合法であるという認識を前提にしており、韓国憲法の価値観に反する」と表明。日本の判決に異議を唱え、違憲の扱いをした。

少し詳しく説明すると、戦後、14年間に及んだ日韓国交正常化交渉を経て１９６５年に結んだ日韓請求権・経済協力協定は、「両国と国民の財産、権利及び利益、並びに請求権に関する問題が完全かつ最終的に解決された」と明記した。47年後の２０１２年の大法院判決はこれを「憲法の価値観に反する」と覆して、下級審に裁判のやり直しを命じたのである。

「憲法の価値観」とは一体、何か。韓国憲法の条文には、「すべての国民は人間としての尊厳および価値を有し、幸福を追求する権利を有する」「すべての権力は国民から発する」などと定めている。権利や権力が個人に帰することを高らかにうたっているのが韓国憲法の特徴だ。17年当時、朴槿恵大統領の罷免を決めたのも憲法裁判所だった。弾劾認定について当時の憲法裁所長代行は、「大統領の違憲・違法行為は国民の信任に対する裏切りにあたる」

韓国憲法には抗日独立運動や政権打倒デモの歴史が刻まれている（韓国国会に飾られている憲法前文）

と説明した。

憲法で反日を宣言？

韓国憲法でさらに着目すべきは、憲法の成立経緯と理念を示した前文である。

「韓国は三・一運動により建立された大韓民国臨時政府の法統および不義に抗拒した四・一九民主理念を継承し……」

つまり、韓国の成り立ちについて憲法は、日本統治時代の１９１９年に日本の警察や軍と衝突し、多くの死傷者を出した抗日独立運動「三・一運動」と、その際に国外に逃れた運動家が中国の上海や重慶を活動の拠点とした大韓民国臨時政府を正式に引き継いだ国家だと定めているわけだ。

ちなみに前文に書かれた「四・一九理念」とは、1960年に初代の李承晩《イ・スンマン》大統領による大規模な不正選挙に反発した学生や市民が李承晩を辞任に追い込んだ、「四・一九学生革命」と呼ばれる民衆蜂起だ。憲法でデモを称賛しているのが韓国である。100年前の抗日独立運動が、現代になっても日韓外交を揺さぶっている。

「三・一独立運動」とともに今年設立100年の節目を迎えた大韓民国臨時政府は、中国を拠点としていたため、実際には朝鮮半島に存在せず、臨時政府として国際機関の承認も得られなかった。にもかかわらず、韓国憲法は、抗日組織だった臨時政府が、1910年に幕を閉じた大韓帝国と現在の韓国を橋渡ししたかのような書きぶりになっている。

韓国は日本の敗戦によって植民地支配から解放された経緯があるため、憲法によって「独立」を強調する狙いがみえる。

2019年3月1日、ソウルで開いた「三・一独立運動」100年の政府記念式典で文在寅大統領は、日本にあらがった独立運動家をたたえる一方、日本統治に加担した人物や組織などの名残を指す「親日残滓《ざんし》」の清算を国民に呼びかけた。

「韓国は憲法で『反日』を宣言している」ともいわれるのは、韓国憲法が抗日独立運動と抗日組織を国家の出発点に位置づけているためだ。

前述したように、日韓国交正常化交渉では1910年の日韓併合条約の扱いが火種になった。条約は「有効・合法」との立場の日本と、「無効・違法」と主張する韓国が互いに譲らず、最終的に「もはや無効」とどちらも都合良く解釈できる妥協点を見いだした。

2018年10月の韓国大法院の判決はこの問題を蒸し返した。請求権協定は不法な植民地支配に対する賠償を請求する交渉ではなかったと解釈し、日本企業に対し元徴用工への慰謝料の支払いを命じた。判決の根拠となっている「日本の植民地支配は不法」という主張は、日本統治を認めない韓国憲法に原点がみえる。

異例の人選がもたらしたもの

韓国大統領が大法院長（最高裁判所長官）の任命権を持つため、韓国の裁判所は現政権の意向に近づきやすいといわれてきた。罷免された保守系の朴槿恵に代わって2017年5月、「被害者中心主義」を唱える文在寅が9年ぶりの革新系大統領に就くと、司法のトップである大法院長の人選に取りかかり、同年9月、人権派の判事として知られる金命洙《キム・ミョンス》・前春川地方裁判所長を抜擢した。

大法院判事を経験したことのない裁判官を長官に任命した異例の人選は、国内でも論争が沸き起こった。大法院長の人事聴聞会の報告書では、「実務に精通した適任者」との肯定評価と文在寅に近い革新的な政治信条から「司法の中立性」を疑問視する否定評価が、併記された。大法院長の交代を機に、徴用工訴訟をめぐり止まっていた大法院での審理がにわかに動きだした。2018年10月30日、新日鉄住金に元徴用工らへの賠償を命じる判決が確定。その後も三菱重工業などへの同様の判決が相次ぎ、日韓関係は混迷を深める。

韓国憲法に翻弄

韓国で現行憲法ができたのは、民主化宣言の発表と同じ1987年だ。国民の基本権を保護するために設置された憲法裁判所とともに「民主化の成果」とされている。韓国の司法関係者の間には、第二次世界大戦後に日本から独立した後も80年代まで軍事独裁政権が市民を弾圧する際の手足として司法が使われ、「個人の人権を守れなかった」との贖罪意識がいまも強い。朴槿恵の罷免が決まったとき、「民主化の年に生まれた憲法裁判所が世論に左右されやすいのは成り立ちから当然」との話を何人もの韓国人から聞いた。

従軍慰安婦問題が日韓最大の外交懸案に発展したのも、韓国憲法が引き金となった。2011年8月に韓国憲法裁が、「日本と外交交渉しないのは、元慰安婦らの権利を侵害し違憲」と決定したからだ。これより先、韓国外務省は日本への圧力を強めていく。日本統治時代をめぐり韓国内で「被害者」寄りの判決の流れがつくられる転機となった。

韓国が日本との国交正常化に踏み切った際、韓国国内では革新系野党を中心に反対論が大勢を占めていた。これが今日に至るまで、独裁者の朴正熙が日本からの経済協力資金の獲得を優先し、日本からの謝罪や賠償をおろそかにしたとする革新層の思考につながっている。

朝鮮半島出身の労働者が劣悪な環境の日本企業で働いていたのは否定できないところだ。他方、日本政府は国交正常化に際し、韓国側との協議のうえで経済協力を名目に計5億ドルの資金を供与したのも事実だ。韓国の年間の国家予算が約3億ドルの時代だ。その資金によって韓国政府は高度経済発展を遂げていく。国交正常化交渉では、日韓併合条約の扱いなど日韓で溝が埋まらない歴史認識をあえて曖昧にすることで折り合い、日本からの資金を使って韓国政府の責任のもと元徴用工らに補償する方法を選んだのは韓国自身だった。

2005年には、ときの盧武鉉政権が日本との個人請求権問題を整理し、元徴用工については日韓請求権協定の対象に含まれるとの結論を確認し、公表した。文在寅も当時、大統領秘書官として検討作業に加わっていた。「韓国憲法の価値観」なるものがその歴史的事実さえ消してしまうのか。「人権」や「日本」が絡むと、政府の従来見解をも超える判断が出てしまう不安定さが韓国司法に常につきまとう。

「ろうそく」「民心」の呪縛

「迂回しないと。まったく困ったものだ」。2019年3月、約10カ月ぶりに訪れた韓国でタクシーを拾って行き先を告げると、年配の運転手がため息をついた。ソウル中心部の市庁(市役所)周辺の幹線道路は毎週土曜日になると、大小様々なデモ行進や集会に参加する人々で交通が遮断されるからだ。

計6年半にわたる韓国生活で、街の至るところで繰り広げられるデモは筆者も見慣れた風景だが、運転手によると、最近は劣悪な賃金や待遇にあえぐ中小企業の従業員や、景気悪化で解雇された失業者らが集会に加わり、規模も数も膨れ上がっているのだという。「大統領選で文在寅を応援した若者が失業してやることがないので街に出ている」とのことだ。直進すればすぐに到着できる場所でも土曜日は遠回りしなければいけない。

韓国で大音響を鳴り響かせる政策要求集会やデモの先頭に立っているのが、左派系の労働組合や市民団体だ。韓国の労組は日本に比べて強く戦闘的といわれる。特に大企業の労組は、ストライキなどを武器に過剰な要求を経営者側にのみ込ませ、そのツケが下請けの中小・零細企業に回ることで企業間の労働条件の著しい格差を招いているといわれる。

韓国の生産性低下の要因に、「強すぎる労組」の存在を挙げる専門家は多い。その代表格であるナショナルセンターの全国民主労働組合総連盟（民主労総）は、世界的にも有数の戦闘的労働組合として知られる。いまや政策実現や南北融和の加速に向けて文在寅政権の巨大な圧力団体と化している。

1987年の民主化以降、世論を扇動する左派系市民団体の影響力も大きい。

ソウル地下鉄の光化門駅周辺は、青瓦台（韓国大統領府）や景福宮が徒歩圏内にあり、中央官庁のほか、一流ホテルや大手メディアの本社などが立ち並ぶ。日本でいえば霞が関と大

ソウル中心部の広場には長く革新系市民団体が設置したテントが張られていた（2019年3月）＝筆者撮影

手町を1つにしたような一帯だ。
その真ん中にある市民憩いの広場に、いくつもの白いテントが5年近く立てられていた。市民の要望もあり2019年3月に撤去されたが、長い間、テントの中にはいくつも遺影が掲げられ、線香の煙が立ち込めていた。14年の大型旅客船「セウォル号」沈没事故で、犠牲になった高校生らの追悼所などだ。革新系の労組や市民団体が主導して設けられたという。
そこからソウル市庁方面に歩くと、今度は保守系団体の追悼所が目に入る。これらは、亡くなった方を追悼するという純粋な目的以外に、保守と進歩（革新）の対立が深まっている象徴になっている。

世論の影に脅える権力の館

絶大な権限を持つ青瓦台は、中央省庁でさえ簡単には意見を通せない。その権力の館が、その一挙手一投足に目配りし、心を砕いているのが世論だ。韓国流に言うと「民心」となる。朴槿恵前大統領を弾劾・罷免に追いつめた「ろうそく集会」について、韓国の文正仁《ムン・ジョンイン》大統領統一外交安保特別補佐官は日本でのシンポジウムで、「文在寅政権はろうそく革命から登場したので（民心を）重視せざるを得ない」と語った。

青瓦台が市民団体や労働組合を優遇するのは、背後に世論の影をみているからだ。青瓦台には市民団体との窓口となる市民社会首席秘書官というポストがある。市民団体は関係する省庁を飛び越えて青瓦台と直接、折衝できる仕組みになっている。文在寅政権は市民団体や労組を支持基盤としているため、韓国政府内からは、「政府の提言より市民団体の要請のほうが大統領への影響力が大きい」とのため息が漏れる。市民団体が建てたテントや像がたとえ違法建築物や道路交通法違反であっても、市庁や区庁は強制撤去には踏み切れない。

民心＝世論＋正義

文在寅政権による世論重視の象徴が、政権発足後に導入した「国民請願」システムだ。大統領への要望などがあれば、国民はソーシャル・ネットワーキング・サービス（ＳＮＳ）などを経由し、青瓦台のウェブサイトに直接書き込める。秘書官すら容易に近づけない独善的な統治スタイルが非難された朴槿恵を反面教師にしている。

１つの請願に賛同者が20万人を超えると青瓦台が見解を表明することになっている。２０１８年2月に朴槿恵前大統領への贈賄の罪などに問われたサムスングループの事実上のトップ、サムスン電子の李在鎔《イ・ジェヨン》副会長が控訴審で執行猶予判決を受けて釈放された際は、担当した裁判官への「監査」を求める請願が20万を超え、大統領府は内容を裁判所に伝える異例の対応をとった。

韓国で「民心」の響きは世論に「正義」を加えたニュアンスを持つ。韓国社会を支配する「民心」のパワーについては前著『韓国の憂鬱』で詳しく取り上げたが、韓国政府関係者は、「文政権の背後には『被害者』『市民団体』『民心』の三者がいる。それを意識せざるを得ない」と話す。共振した三者がメディアによって助長されて巨大な国民情緒を生みだす構図だ。

市民団体の中には「北朝鮮系」の団体もある。北朝鮮指導部の影響下にあるといわれ、「韓国を潰して北朝鮮化させようとしている集団」（韓国政府関係者）として韓国大統領府も手に負えない相手だ。過激な活動で朴槿恵政権時代に強制解散させられた左派政党の旧統合進歩党が、母体となっているという。消息筋によると、その勢力は韓国全体の0・5％にあたる25万人ともいわれ、無視できない一定の勢力を形成している。

左派系の労働組合や市民団体は、底流で反日勢力ともつながっている。日韓請求権協定や日韓慰安婦合意は、そうした団体の格好の標的になっている。国論が分裂しがちな韓国社会で「反日」は世論がまとまりやすいテーマだ。革新政権下で存在感を増した市民団体や労働組合の運動団体が、反日でも「弱い政府」を突き上げる構図が鮮明になっている。

歴史問題の背後にも

従軍慰安婦に関する日韓合意への反対活動を続け、2019年1月28日に92歳で亡くなった元慰安婦の故金福童《キム・ボクトン》さんの告別式が同2月1日、ソウルの日本大使館前で開かれた。支援団体のメンバーら数百人が大使館に向けて、「日本は公式謝罪せよ」などと声を上げた。陳善美《チン・ソンミ》女性家族相も参加した。

慰安婦問題の節目で、韓国の関連団体が批判ののろしを上げ、日本の取り組みや日韓両政府の合意を形骸化させてきた。日本政府はもともと日韓請求権・経済協力協定によって慰安婦問題も含めて解決したとの立場で国家として補償することはできないとの考えだったが、1993年に「河野洋平官房長官談話」を発表し、旧日本軍が関わっていたことを認め、おわびした。95年には政府が中心になって「アジア女性基金」をつくり、国民の募金をもとに元慰安婦に「償い金」や、首相の「おわびの手紙」を送った。

韓国政府もアジア女性基金について最初は評価していたが、元慰安婦を支援する団体が国家による補償ではないなどと反発すると団体側になびいた。その結果、「償い金」などを受け取った人は一部にとどまり、最終的に解決につながらなかった。

その後、2015年に日韓両政府は慰安婦合意をまとめた。日本政府の予算10億円をもとに、「名誉と尊厳の回復、心の傷の癒やしのための事業を行う」財団の設立や安倍晋三首相が日本の首相として、「心からのおわびと反省の気持ち」を表明した。

日本としてはできる限りのことをしたという思いが強い。このときも韓国の主要紙や経済界にはおおむね評価する声が多かったが、韓国挺身隊問題対策協議会（挺対協）など元慰安婦の支援団体が「被害者無視」などの厳しい声を上げた。当時、合意を批判していた革新系野党が大統領選を通じて政権の座に就くと、合意を事実上反故《ほご》にした。

慰安婦問題だけではない。米軍基地や日本人の駐在員家族が多く住む地区にある韓国有数のターミナル駅・竜山《ヨンサン》駅の改札を出て階段を降りると、駅前広場にやせ細った男性の像がみえる。第二次世界大戦中の日本統治下で日本に徴用された朝鮮半島出身者の労働者を象徴する像だ。石碑には「(日本に) 強制動員された朝鮮人がここ竜山駅から列車に乗り出発した」と書かれてある。ソウルの日本大使館前に置かれた慰安婦少女像と同じ彫刻家が制作した。

民主労総など2団体を中心とする市民グループが2017年8月中旬、像を無許可で建てた。その場所は国有地のため、管理する鉄道施設工団が同月末までの撤去を市民団体に要請したものの聞き入れられず、放置されたまま今日に至っている。

日本にとって気がかりなのは、韓国と北朝鮮の急接近に伴い、歴史問題でも南北が共闘すとをみせていることだ。

徴用工像の竜山駅前設置から1年たった18年8月、韓国の民主労総と北朝鮮の労働団体「朝鮮職業総同盟」の代表らが像の前に集まった。韓国の団体関係者数百人が見守る中で、北朝鮮の団体代表らが徴用工像に献花。「南北の労働者がより頻繁に会い、祖国統一の機運をつくっていこう」と、歴史問題での南北連携を呼びかけた。

韓国の労働組合は組織率が低い。しかも、竜山駅の徴用工像の前で足を止める一般の通行人を見つけるのは難しい。像への関心が広がっているようにはみえない。日本大使館前の慰安婦少女像付近で、毎週水曜日に日本政府に謝罪や賠償を要求するのは、左派・革新系の市民団体の「常連」が多い。

にもかかわらず労組や市民団体は、「被害者の救済・名誉回復」を訴えるなどして巧みに民心を巻き込んで政治集団化し、革新政権への発言力を高めてきた。インターネットやメディアを活用して瞬時に反政府世論のうねりをつくり上げるので、政府はおろか大統領でさえ容易に逆らえない〝影の権力者〟になっている。

「報復」の風土

韓国大統領、文在寅は2017年5月に就任してすぐに手がけたのが、青瓦台の敷地内にある大統領執務室の〝引っ越し〟だった。前任の朴槿恵の執務室が、秘書室長や首席秘書官のオフィスから500メートルも離れていたのをあらため、秘書室長らと同じ3階建ての質素な建物内に構えた。意思疎通や政策決定のスピード感と、「庶民派大統領」を国民に印象づける狙いがあった。

その青瓦台に、朴槿恵を弾劾に追い込んだ、「ろうそくデモ」をコラージュした壁画が飾られている。韓国の革新層は17年の政権誕生を「ろうそく革命」と呼ぶ一方で、戦後、長く続いた保守政権時代を「積弊」と位置づけ、〝保守潰し〟を徹底している。

朴槿恵、李明博という直近の2人の元大統領が在任中の収賄などの罪に問われて1年の間に逮捕・収監された。続いて、前大法院長も逮捕・起訴されており、「三権の長」経験者3人が同時期に拘束される異例の事態となった。

大統領経験者の逮捕は全斗煥、盧泰愚、朴槿恵、李明博の4人に上る。保守層からみれば、保守系大統領の相次ぐ逮捕は、革新層による「報復政治」に映る。保革の対立は、韓国政治のもう一つの根深い旧弊だ。

大統領や政権幹部と財閥企業の「政経癒着」も、韓国社会の長年の悪弊とされてきた。サムスンなど財閥から巨額の賄賂を受け取った罪で、朴槿恵は一審で懲役24年の実刑判決を受けた。一審公判ですべての罪状を否認し、「法治の名を借りた政治報復だ」と17年10月から出廷を拒否している。その後、二審でも懲役25年が言い渡された。

李明博も18年1月、自身の政権時代の政府高官が裏金疑惑などで逮捕されたことについて、「国民の多くが、保守を壊滅させる政治工作で、(自殺した革新系元大統領) 盧武鉉の死に対する政治報復とみている」と指摘。やはり、「政治報復」との言葉を使って文在寅政権を批判した。

これを聞いた文在寅が、「大統領経験者が口にしてはならない司法秩序に対する冒瀆だ」と激怒すると、保守系野党は「盧武鉉大統領への捜査が政治報復なら、9年後のいま、まったく同じことが起きている」と応酬。野党代表は李明博の捜査がいずれ文在寅に跳ね返る、「ブーメランになる」と警告した。

報復のブーメラン

学生運動から人権弁護士へと歩んだ文在寅は、軍事独裁時代への敵対心がひときわ強い。大学生時代、暗殺される1979年まで続いた朴正熙の軍事独裁に抵抗し、慶熙大学の演壇でデモ計画の宣言文を読み上げたこともある。卒業後、代表を務めた弁護士事務所が日本の植民地統治下の元徴用工裁判も手がけた。

2012年大統領選で朴正熙の長女、朴槿恵に惜敗するも、朴槿恵の罷免に伴う17年の再挑戦でリベンジを果たすと、保守政権の悪弊を一掃する「積弊清算」を旗印に掲げた。

韓国大統領の影響力は絶大で、企業の人事まで左右する。文在寅が就任した2017年には韓国公営放送局のKBSやMBCの社長が解任され、経営陣が刷新された。

韓国では大統領につながる人脈が重視され、政策判断や世論形成に大きく影響する。結果的にそれが社会の分断をあおる。保守と進歩の政権が交代すると前政権の業績は否定され、前任の大統領や周辺のスキャンダルが次々と暴露される。文在寅政権下の目の前でまさに起きている事象だ。

韓国は保守と革新両勢力が長く対立してきた（ソウルで開かれた保守系の集会）

保守政党が予言した「報復のブーメラン」は、文在寅に跳ね返ってきた。

19年1月、元党員らによる世論操作事件で、文在寅の最側近である慶尚南道《チョンサンナムド》知事の金慶洙《キム・ギョンス》被告にソウル中央地裁が懲役2年の実刑判決を言い渡した。これを受け、革新系与党「共に民主党」は「逮捕された前大法院長一派による報復だ」などと反発。担当判事の弾劾までちらつかせて個人攻撃を強めた。

韓国には「ネロナムブル」という造語がある。同じ浮気でも、自分がすればロマンス、他人がすれば不倫という二重基準を意味する。

民主化宣言から30年余りの韓国では、「過去」や「怨念」が政治の中心部を占める。

保守から進歩への政権交代のたびに「名誉回復」が叫ばれる。第二次世界大戦の終戦から70年以上、国交正常化からでも半世紀が過ぎてなお植民地時代の「加害者」「被害者」であり続ける日韓関係と重なる部分がある。朴槿恵政権発足直前の2013年2月には、安倍晋三首相が米国で、「次期大統領の朴槿恵さんのお父さんは私の祖父（＝岸信介元首相）の親友でもあった」と紹介したのが、韓国で革新系のやり玉に挙げられた。

発言は日韓修復に努める考えを示す意図だったが、韓国では、朴父娘の「親日」ぶりが示されたと攻撃材料に使われた。結局、2人とも大統領在任中には一度も訪日できない大統領となった。

韓国は「帝王的」ともいわれる新大統領が誕生すると社会全体がオセロのようにダイナミックにひっくり返される。その規模や勢いはすさまじく、南北関係や対日関係ものみ込まれる。朴槿恵政権が日本政府と妥結した慰安婦合意は、文在寅大統領就任後に半ば葬られた。

対北朝鮮政策についても、革新大統領の誕生で韓国政府は強硬路線から融和路線への大転換を強いられた。

必要とされる政治決断

日韓外交史の節目には、良くも悪くも政治指導者の決断がある。ポピュリズムを乗り越える政治決断もときに必要になる。民族主義が強い韓国の革新系政治家にも日本との恩讐を超えて関係改善に尽くした人物がいる。

金大中元大統領は、日韓国交正常化反対の急先鋒だった野党陣営にありながら賛成に回った。

朴正熙らの軍事政権下で幾度も死線をさまよいながら、「韓国の国運を左右するのは外交だ」との信念を持ちつづけた。1980年の民主化運動「光州事件」で内乱陰謀罪などに問われ韓国国内で死刑判決を受けた際、日本が国際社会の中で真っ先に救命を嘆願したことを生涯忘れなかったという。2004年にソウルでインタビューした際は「最近(日本の)政治指導者に日本の過去を美化する兆候がある」との懸念を示す一方、一貫して日本との関係を大事にし続けた。

保守と革新の両勢力が主張を真っ向から闘わせる韓国政治は、政治的な妥協や歩み寄りがめったに見られない。このため政権交代によって、時期はずれていても「一国二制度」といえるような外交政策が生まれてしまう。その弊害を文在寅はわかっているはずだ。自叙伝の中で自身が仕えた盧武鉉政権初期に、「盧大統領にとって一番苦しかった決定」は、支持層が猛反発した2003年のイラク派兵だったと振り返っている。当初、文在寅自身も、「正義の戦争とみるには抵抗がある」と派兵に反対だった。それでも次のように語っている。「より大きな国益のために必要ならば派兵することもあり得る。それが国家経営だ。進歩陣営は、政権運営のためにはそうした判断もできるようにならなければと考える」

保守と革新の違いは本来、外交や安全保障であってはならないはずだ。

文在寅は17年大統領選の際に、理念や世代、地域間の対立を乗り越えて、「国民を統合する大統領になる」と訴え、幅広い層を取り込んだ。就任の宣誓でも、「分裂と対立の政治も変えていく」。野党は国政運営のパートナーだ。対話を定例化し、頻繁に会っていく」と語った。最近の国政運営は、保守層の理解もできるだけ得ようとした当初の謙虚さが失われているようにみえる。

文在寅には、20年春の総選挙が視野に入りだしたようだ。22年5月の任期切れに向けてレームダック（死に体）の道に入るかどうかの大一番となる。北朝鮮との南北関係や経済運営などの政策と人事の両面で進歩カラーを強めている。文在寅が公約した「国民統合」への道筋はみえないままだ。

2 「日本知らず」の悲劇

「史上最悪の首脳会談」

韓国大法院が日本企業に賠償を命じた徴用工判決や、韓国軍艦による海上自衛隊機へのレーダー照射などの懸案は、2018年秋から19年初めにかけて集中した。これだけ短期間のうちに「同時多発」で生じたのは確かに特異性がみられるものの、日韓関係の悪化という点では、この10年来の構造的なトレンドといえる。

日韓関係は東アジアの安全保障や経済環境の変化と、国内の構造変化によって地殻変動が起きている。日韓の地盤沈下はいつ始まったのか。起点をたどると、「日韓史上最悪の首脳会談」といまでも語り草になっている2011年12月に京都で開かれた、民主党政権時代の首相、野田佳彦と、保守系大統領、李明博の会談に行き着く。

この3カ月前の同年9月に首相に就任した野田は翌10月、国際会議を除く最初の外国訪問先に韓国を選び、韓国重視の姿勢を内外に示した。ソウルでの初会談の席上、「韓国は貿易を自由化しなければ生き残れない」との覚悟を熱く語る李明博に、野田は尊敬の念を抱いた。周辺に「日本は韓国の3周遅れだな」と漏らしたのも李明博への共感だった。

13年10月29日付の読売新聞朝刊に掲載された野田自身の証言によると、この会談で李明博は、「歴代の韓国の大統領は任期後半になると、『反日』を使いながら支持率を上げようとする繰り返しだった。私はそういうことはしたくない」とも語った。2人は意気投合したかにみえた。

ところが初会談の2カ月後、京都で再び顔を合わせた李明博の表情は変わっていた。実は、韓国ではこの年の8月、憲法裁判所が日韓史を巻き戻す判断を示していた。「韓国政府が旧日本軍による従軍慰安婦らの賠償請求権問題の解決に努力しないのは憲法に反する」との決定だ。韓国政府の「不作為」を糾弾したのである。

ハングルで「歴史を忘れる民族に未来はない」と書かれている（ソウル市庁旧庁舎）

会談の大半が慰安婦問題に割かれた。国内世論の圧力を受けた李明博は会談で、韓国政府の窮状を訴え、日本側に知恵を出してくれるよう何度も求めた。が、野田は法的には完全に決着しているとして応じなかった。張りつめた緊張感に包まれた会談場に気まずい空気が流れたという。当時の関係者の1人は、「李明博も野田も相手にイライラしているのが手に取るようにわかった」と振り返る。

翌12年8月、李明博は、日本の制止を振り切って日韓が領有権を争う島根県・竹島（韓国名・独島）に上陸する。大統領の再選が認められない韓国で李明博の任期切れは半年後に迫っていた。支持率の挽回を狙ったのは明らかだ。

李明博自身が「自分はそういうことはしたくない」と語っていた最大の反日行為をおかしたと日本側は受けとめた。

日韓の数ある歴史懸案でも竹島問題は韓国人にとって別格だという。1905年に日本が竹島を島根県に編入したことを、「日本の植民地支配の第一歩」とみなし、ひときわ敏感になる。1952年以降、竹島を実効支配しているのは韓国だ。そこに国家のトップがわざわざ足を踏み入れれば双方のナショナリズムを刺激し、日韓関係に取り返しのつかない禍根を残しかねない。歴代大統領が誘惑にかられても控えてきた「禁断の果実」であった。

李明博は竹島上陸の直後に、今度は天皇陛下の訪韓の条件として独立運動家への謝罪を要求した。日本の対韓世論は一気に硬化し、日韓関係はその後、悪化の一途をたどる。

「兄弟」から「ライバル」へ

最近の韓国政府の対日強硬路線について日本では、革新系の文在寅の特殊性で語られることも多い。だが、韓国は保守政権だからといって対日姿勢が和らぐわけではない。保守系の李明博、朴槿恵両政権時代に日本との関係が冷え込んだことでも明らかだ。

日韓関係の悪化は、韓国社会の構造的な変化にも端緒を見いだすことができる。

韓国では軍事独裁政権後、１９８７年の民主化宣言を契機に「社会のリベラル化」が進んだ。90年代後半以降に誕生した金大中、盧武鉉の両革新政権時代に、それまで社会に閉じ込められていた植民地時代と戦後の人権侵害が社会問題として盛んに取り上げられるようになった。

韓国ではいまも独裁政権時代を経験した現役世代の脳裏に、抑圧された当時の記憶が生々しく残る。韓国は60年代前半までアジアの最貧国の１つだった。65年の国交正常化後もしばらくは日本となお圧倒的な経済格差があったが、60年代後半以降、「漢江《ハンガン》の奇跡」と呼ばれる高度経済成長を遂げる。

日韓国交正常化50年にあたる２０１５年にインタビューした韓国元首相の李洪九《イ・ホング》は、「（国交正常化で）韓国にとって最も大きかった影響は、産業化の決定的な契機となったことだ。朴正煕大統領の（産業化を推進する）意志は強かったが、資本や技術がなかった。日本の政府と企業が前向きに協力してくれたので、早い段階に実現できた」と意義を強調した。

一方で日本は、１９９０年代から「失われた20年」など長期の経済低迷に苦しんだ。韓国で世界的企業が数多く育ち、1人あたり国内総生産（GDP）も日本に肉薄すると、日韓の関係は「兄弟」から「ライバル」に変わる。韓国は国家としての自信をつけ、日本に対して臆せずに自己主張するようになった。これまで抑えてきた不満も容赦なくぶつけているのが、近年になって日韓間で歴史問題が再生産される構造的な要因の1つだ。

米ソ対立を軸とする東西の体制論争に決着がつくと、西側陣営が結束する建前もにわかに薄れた。日本からの経済・技術支援や安全保障政策での対社会主義の西側陣営といった、日韓の接着剤が役割を終えた。

喪失感、存在感、保守化

日韓外交は従来、教科書問題でも慰安婦問題でも日韓間で懸案が浮上すると、日本がまず謝罪や譲歩する案を示しながら落としどころを探るのが通例だった。首脳会談でも韓国がまず歴史問題を責め立て、日本がなだめる番だった。

最近では、日本が韓国に抗議する場面が目立つ。日本社会にも慰安婦問題や元徴用工裁判など過去の合意を蒸し返す韓国に対して「嫌韓感情」が広がっている。日韓の最前線で関係

図表3　韓国が日本から輸入する上位品目

順位	品目名	金額（百万ドル）	シェア（%）
1	半導体製造装置	5,242	34
2	集積回路（CPU、メモリーなど）	1,922	12
3	精密化学原料	1,900	15
4	プラスチックフィルム、シートなど	1,634	43
5	古鉄	1,624	61
6	高張力鋼板など	1,262	65
7	化学工業製品	1,203	31
8	キシレン	1,085	95
9	ダイオード、太陽電池など	1,052	34
10	半導体製造装置部品	949	29

（出所）韓国貿易協会（KITA）。シェアは2018年の輸入品に占める日本の割合

修復に尽力してきた人々にまで喪失感をもたらしている現状は危険だ。

韓国の経済大国化に伴い対日輸出額は世界5位まで低下した。半面、分業サプライチェーンが確立し、韓国製品に日本メーカーの部品や素材、装置が組み込まれるなど双方に欠かせない関係になった。

日韓の企業連携は相互補完になっており、目に見えづらくメリットを実感しにくい特徴がある。高品質の日本の部品は代替が利かないため日韓ビジネスは政治の確執に影響されにくい。とはいえ、政治対立が長期

図表4　韓国の輸出・輸入に占める主要国の割合（%）

（年）	輸出			輸入		
	米国	日本	中国	米国	日本	中国
2000	21.8	11.9	10.7	18.2	19.8	8.0
01	20.7	11.0	12.1	15.9	18.9	9.4
02	20.2	9.3	14.7	15.1	19.6	11.4
03	17.7	8.9	18.1	13.9	20.3	12.3
04	16.9	8.5	19.6	12.8	20.5	13.2
05	14.5	8.4	21.8	11.7	18.5	14.8
06	13.3	8.1	21.4	10.9	16.8	15.7
07	12.3	7.1	22.1	10.4	15.8	17.7
08	11.0	6.7	21.7	8.8	14.0	17.7
09	10.3	6.0	23.9	9.0	15.3	16.8
10	10.7	6.1	25.1	9.5	15.1	16.8
11	10.1	7.2	24.2	8.5	13.0	16.5
12	10.7	7.1	24.5	8.3	12.4	15.6
13	11.1	6.2	26.1	8.1	11.6	16.1
14	12.3	5.6	25.4	8.6	10.2	17.2
15	13.3	4.9	26.0	10.1	10.5	20.7
16	13.4	4.9	25.1	10.6	11.7	21.4
17	12.0	4.7	24.8	10.6	11.5	20.5
18	12.0	5.0	26.8	11.0	10.2	19.9

（資料）韓国貿易協会（KITA）データベース

化し、心理的な警戒感が広がることで企業の事業や投資が先細りしていくとの懸念は根強い。

韓国は近年、日本に代わって中国への経済依存が高まっている。輸出額に占める割合は２０１８年に過去最高の26・８％に上昇。中国がくしゃみをすれば韓国は風邪をひく関係までになった。韓国は朴槿恵前政権以降、中国を重視する政策を進めてきた。文在寅も朴槿恵同様に、就任後、日本より先に中国を訪問した。文在寅政権は、中国が北朝鮮の非核化や南北関係にも大きな影響力を持つと期待している。

日韓関係の変化を中期的にみるうえで、「日本の保守化」も見逃せない。２０１２年からの安倍晋三政権誕生以降、その傾向が顕著になっている。自民党内で「ハト派」と呼ばれる大物議員が相次ぎ引退・死去する一方で、小選挙区制で選出された若手議員には保守志向が強くみられ、歴史や領土問題を抱える韓国への厳しい姿勢の急先鋒になっている。

盧武鉉が遺した「親日清算」

２０１７年３月半ば、釜山からほど近い慶尚南道・金海《キメ》市郊外にある烽火村《ポンファマウル》を訪ねた。03

盧武鉉元大統領の生涯が1枚の写真に収まる（手前から生家、新居、身を投じた岩山）＝筆者撮影

年2月から5年間大統領を務めた盧武鉉が命を絶って眠っている場所だ。大統領退任後に生家の近くに新居を建てた後、しばらく農作業などをしながら暮らしていたが、身内が大統領在任中の不正献金疑惑で実刑判決を受け、盧武鉉自身も収賄容疑の捜査対象となっていた09年5月に自殺を図った。

盧武鉉が死の直前まで住んでいた新居のすぐ近くにわらぶき屋根の生家がある。後方に視線をやると、検察の捜査を受ける途中に失意のまま身を投げた岩山がみえる。カメラを向けるとすべてがフレームにすっぽり収まる。盧武鉉の死後、烽火村は韓国で進歩と呼ばれる革新層の「聖地」になった。生家の近くにある盧武鉉の追悼施設には平日の昼間にもかかわらず来訪者の姿が絶えず、それぞれが花を手向け、手を合わせていた。

筆者が最初にソウルに駐在した2004～07年は、まさに盧武鉉政権の時代だった。02年大統領選の土壇場でネット旋風が起こり、本命の保守系候補を大逆転した「インターネットの寵児」は、就任すると不正腐敗の根絶に取り組んだ。クリーンなイメージの一方で保守系野党が過半数を占める国会運営でつまずいた。与党は内部抗争の末に分裂。景気の悪化で頼みの世論も離れていった。政権発足の1年後に国会で弾劾訴追案が可決され、職務が一時停止した。復帰後も格差の拡大を背景に、国民の支持を取り戻せないまま退任した。筆者が抱いた盧武鉉の印象は、実直すぎて権力が似合わない人。理想と現実のギャップにもがき、常に悲壮感を漂わせていた。

盧武鉉元大統領㊨に文在寅は秘書官として仕えた＝韓国大統領府提供

大統領を継いだ保守系の李明博政権下で収賄容疑を厳しく追及されたのが、自殺の原因とされている。非業の死を遂げた盧武鉉は革新層のカリスマとなった。

文在寅は大統領就任後の17年5月、盧武鉉の没後8周年の追悼式で烽火村を訪れると、「もう失敗しない。必ず成功した大統領となり、任務を果たした後にあらためて訪れる」とかつての同志に語りかけた。盧武鉉が在任中に取り組んだ「積弊清算」を政権のスローガンに掲げ、李明博、朴槿恵と続いた保守政権の汚職や腐敗を追及している。

大統領就任後しばらく、韓国では、検察に逮捕・起訴され手錠をかけられたまま護送車を乗り降りする朴槿恵や、囚人服姿の朴側近らの映像がテレビで流れない日はなかった。

その背景はわかりやすい。文在寅が一定期間、7割台の高支持率をキープしていた最大の理由は、「積弊清算」そのものだった。保守政権時代の不公正な慣行を取り除こうと訴える文在寅の改革姿勢が、競争社会や格差に苦しむ若年層らの心に響いて喝采を浴びた。

清算の最大のターゲット

積弊清算の最大のターゲットは、戦後、長く韓国を支配してきた保守系の特権階層だ。それは植民地時代に日本統治に協力した「親日派」と重なるだけに、積弊清算の嵐はいや応なく日本を巻き込む。

文政権発足から半年後の17年11月、ソウルの名門、梨花女子大で騒ぎが起きた。韓国初の女性博士である初代女性総長、金活蘭《キム・ファルラン》の銅像の前に「親日派の銅像が恥ずかしい」と書かれた掲示板を学生らが無許可で立てたのだ。日本統治時代の「親日行為」をやり玉に挙げていた。その学生らを手助けしたのは市民団体だった。その団体は、親日派を糾弾する「植民地歴史博物館」をソウル駅近くに建設する構想を掲げた。

近現代の韓国を率いた人物の像が、日本に協力したという理由だけで憂き目に遭う。一方で、日本統治時代の従軍慰安婦や日本に徴用された労働者を象徴する銅像は次々と設置されていく。文在寅政権に近い大学教授は、慰安婦問題や徴用工問題は、「70％以上は韓国国内の問題」と話す。現代史をめぐる保守と革新勢力の報復合戦の色彩が強いという意味だ。革新層の先頭に立つ市民団体の振る舞いを韓国政府は黙認し、それを日本が抗議するという負の連鎖が続く。

親日残滓とパルゲンイ

文在寅の言動は「反日」と受けとめられやすい。それは文在寅自身が、日本統治に協力した「親日」派の一掃を、自らが執念を燃やす「積弊清算」事業の出発点に据えるためだ。日本人の耳に不穏に響く、「親日残滓」という言葉には、文在寅の統治や対日政策の底流にある歴史観が凝縮している。

その象徴が、2019年3月1日、日本統治下の1919年に起きた最大の抗日独立運動「三・一運動」100年記念式典での演説だ。

文在寅は「親日残滓の清算」を国民に呼びかけた。その際、「代表的な親日残滓」の1つに挙げた「パルゲンイ（赤野郎）という表現」が韓国国内で話題をさらった。

韓国で「親日」とは、過去に日本の植民地統治に協力した人や組織、慣行を指す。日本からの独立後も追放されずに権力を持ち続けた保守政党や情報機関、検察などはその悪しき生き残りで、こうした勢力が相いれない独立運動家を思想犯に仕立てるために生みだした呼称が「パルゲンイ」だと文在寅は主張する。

軍事独裁時代を描いた韓国映画に、情報機関の捜査官が容疑者を「この赤野郎！」と罵りながら拷問するシーンが出てくる。文在寅は、共産主義者だけでなく、民族主義者やアナキストまですべての独立運動家にパルゲンイの烙印を押し、独立後も民主化運動などに使われ、いまも革新勢力を攻撃する手段になっていると保守勢力を批判したのだ。

国を挙げて民族解放を祝う日にパルゲンイという表現を持ちだし、「一日も早く清算しなければならない」と訴えたのはなぜか。

権力機関から弾圧や拷問を受けた人々は、いまもパルゲンイや「従北《チョンブク》（北朝鮮に従う人物）」との蔑称に感情をかき立てられる。国内では一時、大統領支持率90％超を記録した20代で急速な「文在寅離れ」が進む。圧力団体と化した労働組合との関係もギクシャクしてきた。20年春の総選挙では、保守派が巻き返すのではないかとの観測も出始めている。

韓国政府関係者は、文在寅がパルゲンイ発言によって軍事独裁政権の流れをくむ保守政党を牽制し、革新勢力の再結集と人権に敏感な若年層の取り込みを図ったとみる。

反日は国内政争の産物

文在寅は「親日」という国内分裂の火種を抑えるどころか、むしろ政治の表舞台に引き上げて根絶するよう国民をあおったのが実態だ。「親日残滓の清算」の本質は、韓国内の政争の産物にほかならない。

「パルゲンイ」発言は、韓国内でも、「いくら何でも国内の理念対立の象徴に、日本を絡めるのは適当でない」と問題視する声が上がった。日本社会に生まれ育った在日韓国人の人々も自国の大統領から敵視されたかのように受け取り、胸を痛めているという話を聞いた。

文在寅の演説は全体的には、日韓関係に配慮する言葉が並んだ。同じ3月1日に市民団体が釜山の日本総領事館前に徴用工像を設置しようとした動きも警察に阻止された。

駐日韓国大使を日本勤務の経験がある外交官出身の前大統領府高官に交代させる人事も決めた。韓国内の一連の動きは、日本との関係がこれ以上悪化するのを避けようとする文在寅政権のシグナルだとの解釈もある。

文在寅は演説で、「歴史を教訓に力を合わせて被害者の苦痛を癒やすとき、本当の友人になる」と日韓協力の必要性も説いたが、具体的な提案はまたも示さなかった。まず知恵を出すべきなのは加害者である日本という歴史観は変わっていない。日本との関係について経済連携や安保協力、人的交流の重要性などバイ（2国間）の視点が語られないのも文在寅演説の特徴だ。朝鮮半島をすべての中心に据える世界観もまた、日韓間の懸案について自ら進んで解決する意志を持ちにくくしている。

独立運動100年に先立つ2月26日の閣議で文在寅は、「親日を清算して独立運動を適切に礼遇することが正義ある国に進む出発点だ」と述べた。初代韓国統監を務めた伊藤博文を1909年に中国で暗殺した安重根《アン・ジュングン》の遺骨を中国や北朝鮮と協力して発掘したい考えも示した。

この日の閣議を開いた場所は、文在寅が尊敬する金九《キム・グ》の記念館だった。金九は独立運動家で第二次世界大戦後は南北統一運動を展開した人物だ。韓国内には、戦後、朝鮮半島が南北に分断されたのは日本の植民地支配のせいだとする考え方がある。このため、韓国のベテランジャーナリストは「南北が統一されるまで反日は終わらない」と話す。

「三・一独立運動」100年記念式典の会場は、2年前に朴槿恵大統領の退陣を求めて大規模な「ろうそくデモ」が毎週開かれた広場だった。ただ、当時のような熱気は感じられなかった。式典の参加者に話を聞くと、日本政府に「真の謝罪」を求める声とともに、日韓の関係改善を願う声が多く聞かれた。

「未来志向の外交」を呼びかける文在寅は必ずしも反日ではない。少なくとも外交関係者や専門家の間ではそう語られてきた。にもかかわらず文在寅が「過去」と「親日」を国内の保守潰しの軸に利用する限り、日本が巻き込まれる構図は変わらない。

「1980年代から思考停止の青瓦台」

「文在寅大統領の参謀たちの思考は1980年代のままだ。国際情勢の変化をまるで理解できていない」。こう語るのは歴代保守政権に影響力を持っていた50代の韓国人男性だ。学生時代に運動団体の幹部だったという男性の回想は、いまの青瓦台の空気を映す。

「ソウルの大学に入学した80年代初頭は学生運動花盛りの時期で、学校は毎日閉鎖されていた。学校にいてもやることがないので仲間で集まっては議論するとテーマは決まって『なぜ韓国は分断したのか』だった。（当時の北朝鮮主席の）金日成《キム・イルソン》は民族を解放した。（韓国の独

文在寅政権の初閣議（2017年、ソウル）＝韓国大統領府提供

立・民族運動家である）金九は南北統一を図ったが親日派に邪魔された。結局、悪いのは米国と日本だ――。いつもそんな話をしていた。当時の韓国の学生運動家はマルクス経済学に熱中し、日本の左翼の本もたくさん読んでいた。だから当時大学生だった韓国人には日本語を話せなくても読める人が結構多い。現在の文在寅政権や与党には、そのときの主要メンバーが数多く参加している」

韓国の反政府デモは、軍事独裁を率いた朴正熙時代（大統領在任１９６３～79年）にたびたび起きた。だが、当時はことごとく軍事政権側に制圧され、逮捕されたデモの中心メンバーは激しい拷問を受けた。

朴正煕の軍事独裁を継いだ全斗煥政権でもデモは続いた。だが、80年代の民主化運動が朴正煕時代とも、1960~70年代に盛んだった日本の学生運動とも決定的に違ったのは、市民や学生らが闘争の末に民主化を勝ち取ったことだ。1987年6月29日、韓国政府は大統領直接選挙を受け入れる「民主化宣言」を発表し、軍事独裁の時代に幕が下りる。

大衆デモは社会に多大な影響を与え、憲法の前文にも闘争の歴史が刻まれた。反政府運動の「成功体験」が、政府に強い不満や要求が生じれば街頭に繰りだして集団で訴えるスタイルを定着させた。80年代には革新系の運動団体が組織化され、韓国は市民団体や労働組合、メディアなどの非政府組織が政府をも上回る強力なパワーを持つ国家に育った。韓国内では、「文在寅政権内で対日政策に力を持っているのは外相ではなく、市民社会勢力とのパイプ役である大統領の市民社会首席秘書官だ」（日韓関係専門家）との笑えない話もある。

政治を動かす586世代

韓国社会では、政治運動や学生運動に関わった大学生が卒業すると「運動圏」出身者に分類される。韓国メディアの分析によると、文在寅大統領就任から1カ月の間に任命された青瓦台・内閣・政府機関の要職のうち約半分を「運動圏」出身者が占める。

彼らは「３８６」世代と呼ばれ、韓国の青瓦台と革新系与党を牛耳った時期がある。筆者が最初の駐在時代に取材した盧武鉉政権時代だ。当時、「３８６」は、年齢が30代で、１９８０年代に民主化運動に参加した１９６０年代生まれの元学生運動家を指した。「３８６」が時を経て年齢が50代の「５８６」世代となり、革新系の文在寅大統領の誕生によって政権中枢に返り咲いた。現在66歳の文在寅は、「５８６」より一回り上の元運動家。兄貴分として「５８６」を政権与党内で重用している。

「５８６」の中には、金日成主体思想に傾倒していた者もいる。文在寅が初代秘書室長に指名した任鍾晳《イム・ジョンソク》は、全国規模の学生運動組織のトップだった１９８９年、北朝鮮で開催した祝典に韓国人女子大学生を送り込み、韓国で実刑判決を受けた経歴がある。

韓国内でもひときわ民族への愛着が強いのが青瓦台「５８６」の特徴だ。文在寅が注力する北朝鮮問題は、南北に分断された民族問題のまさに中核。北朝鮮の金正恩委員長は２０１９年１月１日の「新年の辞」で、「わが民族の和解と団結、統一の前途を妨げる外部勢力の干渉と介入を絶対に容認しない」と語った。「５８６」と共鳴する思想といえる。

17年10月から韓国全土で半年に及んだ「ろうそくデモ」には、学生運動を経験した「586」世代の多くが参加し、若者らと一緒になって拳を振り上げた。その理由を、韓国世論分析の専門家は「韓国の民主化を牽引した自分たちが手を抜くとひどい政治になると憂えて再結集した」と指摘した。

この世代は必ずしも革新層ではない。19年5月上旬の韓国内の世論調査で文在寅大統領への50代の支持率は42％にすぎない。全世代平均（45％）よりも低い数字だ。

多くが朝鮮戦争を経験した60代、70代は、北朝鮮政権を敵視する保守層の中核だ。50代も軍事政権時代に徹底した「反共」教育を受けており、一般的に保守志向が強いといわれる。民主化を求める学生運動に参加したとはいえ、卒業後は高度経済成長の果実を享受している。現在は一般市民として組織の要職に就いた者も多く、安定を優先する世代でもある。

そうした普段は保守陣営の50代が、朴槿恵をめぐるスキャンダルに政治の危機を感じて、街頭に飛びだしたからこそ、ろうそくデモは大きなうねりになった。

政権交代を見届けると、一般市民の「586」は再び日常生活に戻っていった。この先、再び政治が乱れたとみれば、次は文在寅政権に矛先を転じる可能性も秘めている。

これに対して青瓦台「586」世代は、いまも学生運動の流れをくむ革新層のリーダー意識がある。学生時代と変わらず南北融和に熱い思い入れがある一方で、日韓関係への関心は低い。「青瓦台の関心は1に南北関係、2に国内経済。この2つで頭がいっぱいで日韓関係まで頭が回らない状態」と韓国外交筋は語る。

知日派不在の混乱

2019年1月、日韓関係は最悪の新年を迎えた。韓国軍艦による自衛隊機への火器管制レーダー照射や日本企業に賠償を命じた韓国大法院（最高裁判所）の徴用工判決など、18年秋から続発した外交紛争は収まるどころか、むしろ拡大した。

その時期は、北朝鮮の非核化をめぐる米朝交渉と南北関係がともに停滞したタイミングと重なる。文在寅政権が日韓関係を軽視するのは、大統領の参謀陣に日本を理解する世代や人物が極端に少ないことも響いている。

文在寅政権でただでさえ少なかった知日派2人が19年に入って相次ぎ青瓦台を去った。日本の大学で教鞭をとった経歴もある金顕哲《キム・ヒョンチョル》大統領府経済補佐官が19年1月、経済政策をめぐる失言が市民団体に問題視されて辞表を提出した。外交官出身で日本勤務の経験がある国家安保室第2次長だった南官杓《ナム・グァンピョ》は日本大使に転身し、「青瓦台に日本通がゼロになった」(日韓外交筋)。

韓国首相の李洛淵は、大手新聞社勤務時代に東京特派員を経験した、流暢な日本語を操る政界屈指の日本通だ。だが、政権を牛耳る青瓦台「586」を前に身動きがとれない。

文在寅政権は「表現」にも特徴がみられる。「日本は人道的救助作戦への妨害行為を謝罪し、事実歪曲を即刻中断せよ」。レーダー照射問題を受けて韓国国防省が公開した「反論動画」のタイトルは、歴史問題での日韓対決をほうふつとさせる激しい表現だ。レーダー照射問題でも、北朝鮮の遭難船を助けようとした韓国の善行を日本が故意に妨げたとの言い分を頑として変えない。「最近、文在寅政権が日本を批判する際の言葉遣いや、話しぶりが北朝鮮とよく似てきた」(朝鮮半島研究の専門家)との指摘も出てきた。

文在寅は根っからの反日というわけではない。最優先である北朝鮮の非核化や朝鮮半島の新秩序づくりには、日朝国交正常化や日本の対北朝鮮支援がピースとして不可欠だとみている。しかし、国際舞台の経験がほとんどないうえ、大統領周辺に対日政策を大局的、戦略的に考えるブレーンもいないため、場当たり的な外交に陥っているのが実情だ。外交筋は、「青瓦台は南北や米朝関係が進めば、日本も協力せざるを得ないと考えているようだ」とため息をつく。

花形だったジャパンスクール

2018年秋、ソウルの韓国外務省でちょっとした「事件」が起きた。韓国外務省で、在外公館での勤務希望者を募ったところ、東京の在日本大使館に勤務する書記官級の補充要員の枠に応募者が1人もいなかった。

日本語を専門的に履修したり、日本に勤務したりした韓国の外交官は外務省内で「ジャパンスクール」と呼ばれ、長く「ワシントンスクール」と双璧をなす花形の1つだった。「希望者ゼロ」は同省創設以来初めてだったという。

日本や中国を含むアジア政策を統括する東北アジア局長は、数ある局長の中でも米国担当の北米局長と並んで格上とされる。東北アジア局長に就くには在日本大使館での勤務経験が欠かせないというのが通説となっており、東京は外交官としての出世をめざすうえでも人気

「ジャパンスクール」に冬の時代が続く（ソウル、左の建物が韓国外務省）＝筆者撮影

勤務先の1つだった。

韓国メディアには、最近の日韓関係の悪化と絡めて、ジャパンスクールの「没落」や「凋落」との文字が躍った。ただ、そう決めつけるのは早計だ。東北アジア局長やその下の審議官は日本駐在経験者。外務省傘下で外交官の育成機関のトップである国立外交院長（次官級）も文在寅政権になって、ジャパンスクール出身者が就任した。ジャパンスクールの存在感が著しく低下したわけではない。

韓国の外交官に聞いてみた。日本勤務経験者は日本での暮らしやすさを知っているため、一定の年齢以上の外交官には日本はなお人気があり、再赴任の志願者が多いのだという。とはいえ、若手外交官の間で日本人気が下がっているのは紛れもない事実だそうだ。

その理由で意外に大きいのは、東京電力福島第1原子力発電所事故による「放射能汚染」への懸念だ。韓国は2013年以降、福島や岩手など東北や関東の計8県の水産物の輸入を規制した。科学的根拠を欠くものだが、韓国の外交官によると、本人よりも帯同する家族が日本行きを敬遠しがちなのだという。

日本赴任が決まったことを親戚などに告げると、放射能汚染を心配されるケースがあるのは韓国に限ったことではなく、欧米の外交官家族でも同様なのだそうだ。東京着任後も帯同した家族がミネラルウオーターを購入する際に、できるだけ東京から西方面で採掘したものを選んでいるなどの話も聞いた。日本人には風評被害の類いだが、外交官の家族の間に広がっているのなら憂慮せざるをえない。

キャリアの傷に

日本を避けがちな要因のもう1つは、若手外交官の間で日本での勤務が将来の傷になりかねないという意識が働いていることだ。日韓の外交案件には韓国人にとって敏感な歴史が絡むテーマが少なくない。日本政府と交渉してようやく妥結した成果が、後に覆される可能性がある。苦労が多いにもかかわらず報われない職場に映るようだ。

実際、朴槿恵政権時代の2015年末に日本政府と難交渉の末に慰安婦合意に導きながらも、朴槿恵が罷免されて文在寅政権になると、合意は「慰安婦被害者の意向を無視した」などと韓国国内から厳しい批判を浴び、対日外交担当者が追及された。

日韓慰安婦合意の実務交渉を仕切っていた元東北アジア局長は、朴槿恵政権下で駐シンガポール大使に任命されたが、文在寅政権発足後、短期間で帰任した。慰安婦合意の実務担当で人事面で辞任に追い込まれたり左遷されたりするなど不利益を受けたとみられている人物は少なくない。

現在、国立外交院の院長は、「ジャパンスクールの華」と呼ばれてきた東北アジア局長を経験し、人望も厚く同省で将来を嘱望されていた。だが局長を務めていた12年、日韓の軍事情報包括保護協定（ＧＳＯＭＩＡ）が締結寸前までこぎ着けながら韓国国内で起きた反対論の矢面に立ち、責任をとる形で外務省を辞めた。

ＧＳＯＭＩＡは日本の海上自衛隊などから貴重な情報がもたらされる仕組みのため、韓国の安全保障にもメリットが大きい。結果的に、朴槿恵政権末期に締結され、文在寅政権も毎年更新している。それでも韓国世論は歴史や自衛隊が絡むテーマには神経をとがらせるため、反日運動の旗振り役である市民団体によって政策が振り回される例も珍しくない。こうした経緯をつぶさにみた韓国若手外交官の間で日本勤務を忌避するムードが広がっているのだという。

地雷だらけの対日外交

慰安婦合意をはじめ、過去の日韓政府間の取り決めを軽んじる文在寅政権のもとで、日韓外交は受難続きだ。韓国大法院の徴用工判決や、日本政府が拠出した10億円をもとに設けられた慰安婦支援のための「和解・癒やし財団」解散を受け、今後も韓国側から合意の経緯がほじくり返される懸念もある。

韓国メディアによると、韓国検察当局は２０１８年８月、大法院前院長の在任中、「裁判取引」疑惑を捜査するという理由で、韓国外務省に対して異例の捜索に入った。検察は国際法局や企画調整室などとともに、対日外交を担当する東北アジア局を捜索した。個人の汚職ではなく、外交事案で外交当局を捜索するというのは過去に例がないという。日本を担当する外交官からみれば、行く先々に「地雷」が埋まっているようにみえるかもしれない。外交筋は、「日韓関係を良くするためにと思って取り組んだことが『積弊』扱いされるようなら、誰も新しい仕事に取り組みたくなくなる」と嘆く。

友好関係を維持しようと努力した結果が積弊扱いされ冷や飯を食わされるなら、誰も日本担当に手を挙げなくなる。そうなれば、人材が枯渇するとともに対日外交がますます行きづまり、衝突が繰り返されるという双方にとって最悪の展開が待っている。

日韓の外交ルートは両国間の複雑な懸案を調整する最前線とならなければいけない。外交には、ときに国内のナショナリズムや反対論を説得してでも関係改善に踏み切る決断が求められる。それを後押しするのが政治の役割だろう。

「日韓」の地盤沈下

韓国外務省ジャパンスクールの悲哀の背景に、韓国外交の重要性において日本の地位が相対的に低下している現実も無視できない。日韓関係が地盤沈下し、在外公館の地位でも、アジア地域内で最重要の公館が日本から中国に移ったとの見方が強い。

韓国外務省は19年4月、日中両国の外交を扱ってきた東北アジア局から対日外交の担当部署を分離し、オーストラリアやインドなどとともに新設の「アジア太平洋局」に移す組織再編案を公表した。国内メディアからは「中国重視、対日外交の縮少につながる」との指摘が出ている。

前述のように、安倍晋三首相と文在寅大統領は当初、首脳同士が相手国を行き交う「シャトル外交」を復活させようと話した。さらに、国際会議を通じて頻繁に会おうとも約束した。

にもかかわらず、２人は２０１８年秋、東南アジア諸国連合（ＡＳＥＡＮ）プラス３（日中韓）の首脳会議とアジア太平洋経済協力会議（ＡＰＥＣ）首脳会議で簡単なあいさつを交わしただけで会談は開かなかった。主要20カ国・地域（Ｇ20）首脳会議でも同様だった。日韓関係が冷え込み、両国のトップから事務方に至るまで信頼関係が崩れた。「ジャパンスクール」に冬の時代が続いている。

【コラム】チョコパイが映す「情」

韓国人が最も食べているお菓子（商品）は何か。答えはオリオンの「チョコパイ情《チョン》」。２０１６年の全世界での年間売り上げは過去最高の４８００億ウォン（約４８０億円）を突破した。23億個分に相当し、一つひとつを積み重ねると地球3周半を超える。韓国人なら誰でもチョコパイにまつわる思い出が1つはあるという。その国民的なお菓子の赤いパッケージに大きく描かれているのが「情」の印象的なロゴだ。

「『情』という韓国人のＤＮＡを製品に載せ、分け合って食べるというポジショニングで成功した」。同社の関係者は「情」の命名の理由をこう説明する。

「情」は、「恨《ハン》」と並んで韓国人の国民性を解くキーワードだ。小倉紀蔵著『心で知る、韓国』（岩波書店刊）によれば、上下の関係だけでなく「自分と相手との水平的な関係において生じる人間的なやさしさの感情」が特徴だ。つまり、競争社会で差別と序列が厳しい分、「同じ」というキーワードで強固な絆を形成して、「やさしさ」を供給し合うのだという。韓国で暮らす日本人にも情は注がれる。小さな子ども連れの家族が見知らぬ韓国人から親切にされて「イメージが変わった」といった話をよく聞く。

情はときに法規を超えて、〝刃物〟にもなる。

15年の日韓慰安婦合意について文在寅大統領は、「国民の大多数が情緒的に受け入れられない」と日本に伝えた。韓国での慰安婦問題は、「政府が日本と交渉しないのは元慰安婦らの人権侵害で違憲」とした11年の憲法裁判所の判断が転機となった。運動団体が先導する世論が背後にあり、「日本だけを守れば大統領は国内で立っていられなくなる」と文氏に近い大学教授は語る。

文氏が北朝鮮との対話に走るのも、南北に分断された同族の情が底流にある。

00年に韓国でヒットした映画「JSA」には、南北共同警備区域（JSA）でチョコパイをほおばる北朝鮮兵士に、韓国兵士が、「南に亡命したらたらふく食えるよ」と誘うシーンがある。映画の舞台となった板門店で、17年後の17年11月、映画さながらの事件が起きた。JSAを越えて命からがら韓国に亡命した北朝鮮兵士は一般病室に移ると「チョコパイが食べたいです」と語ったという。

韓国の情は割り切りが良い。「過去」へ

の執着と好き嫌いは別だ。日本旅行ブームは格安航空券の普及で大学生まで裾野が広がる。その点、日本人は「ワントラック(1路線)」に近い。「国家間で論争があるから観光客が来なくなるという論理は韓国人には理解できないだろう」(小此木政夫慶應義塾大学名誉教授)。

情緒が支配する国との付き合いは厄介だ。安倍晋三首相が通常国会の施政方針演説で韓国に言及した分量は、中国やロシアに比べてもはるかに少ない。ただ情緒は放置しても消えず、火種が膨らむ。互いに相手の情を知り心を通わせながら、国益をはかって言うべきことを言う大人の関係が日韓外交にも必要になる。

歴史教科書問題で日韓関係が過去最悪といわれた１９８３年1月、就任後初の訪問先に韓国を選んだ中曽根康弘首相は晩餐会で韓国語でスピーチし、2次会では韓国の歌を歌った。両国は修復に向かい、その後、ロナルド・レーガン米大統領とも「ロン・ヤス関係」を築く。

国内保守層の反対を押し切って訪韓を決めた安倍首相。厳冬の平昌で(２０１８年2月)9日に文大統領と向き合う。

(２０１８年2月4日付日本経済新聞朝刊掲載)

第　3　章

韓国の実相

1　外交紛争の足元で

サムスン・ショック

２０１９年が明けて、サムスンの〝変調〟が表面化した。「１強」のサムスンまでつまずけば、減速感が鮮明になった韓国経済全体の大けがにつながりかねない。

19年1〜2月にかけて日本経済新聞に掲載された記事の見出しをみても、サムスンや韓国経済の不振は明らかだ。

▼サムスン２本柱揺らぐ――10〜12月営業減益　半導体・スマホ不調
▼韓国半導体輸出９％減――12月、２年３カ月ぶり、中国向け大幅落ち込み
▼韓国、６年ぶり低成長　昨年２・７％、半導体が失速
▼韓国２・６％成長に減速――今年見通し　中銀が０・１ポイント下方修正
▼サムスン５割減益、フラッシュメモリー逆風

▼韓国企業、中国減速で打撃――33社、10～12月の営業損益23％減

盤石だったはずのサムスン電子の業績が揺らいだ理由ははっきりしている。事業の柱である半導体メモリーとスマートフォン（スマホ）が振るわなかったためだ。18年7～9月期に、全社の営業利益の6割弱を稼いだメモリーのDRAMの出荷が減少した。中国IT（情報技術）大手が投資を控えたためDRAMの出荷が減ったほか、スマホについても競争激化のあおりを受けたとの分析がある。

文在寅政権は国内経済のほか南北経済協力でもサムスンへの期待が大きい（サムスン電子の社屋、ソウル）

顕著なのは中国市場での苦戦だ。サムスン電子はこの1年ほど、中国におけるスマホの出荷台数シェアが1％未満に陥り、スマホの営業損益は久しぶりの低水準だった。同社が成長の牽引役としてきた半導体とスマホの業績がともに悪化する「ダブルパンチ」はこれまでみられなかった現象である。

創業家出身の李在鎔《イ・ジェヨン》副会長はAI（人工知能）や次世代高速通信規格「5G」の関

図表5　サムスンは新領域の開拓を急ぐが、業績貢献はまだ限定的

5G
- 基地局を米通信大手3社に供給
- 日本市場など開拓へNECと提携

AI
- 独自開発のAIを載せたスピーカーを発売
- 高齢者の健康管理支援ロボットの開発に着手

バイオ
- バイオ後続薬で中国の創薬スタートアップと提携
- 新薬開発で武田薬品工業と提携

車載部品
- ドイツ・アウディに演算用半導体を供給
- 専用の画像センサーを開発

（出所）日本経済新聞社

連事業などを、「未来成長事業」と位置づけ、次の成長に力を注いでいるが、収益貢献はまだ先だ。

標的から協力者へ

韓国政治・社会の動向もサムスンには気がかりな存在である。朴槿恵前大統領が弾劾された大きな理由の1つは、経済界との「政経癒着」疑惑だった。弾劾要求デモに参加した市民の矛先は朴槿恵とともに、保守政権から恩恵を受けて莫大な富を築いてきたとみられる巨大財閥のオーナーにも向けられた。こうした特権層に対する国民の不満を巧みにすくい上げ、広範な支持を集めたのが文在寅だった。

文在寅にとって、サムスンなどの財閥も、自らがスローガンに掲げた「積弊清算」の標的だ。

2017年の大統領選では、財閥のオーナー支配や事業拡大に歯止めをかけるため、グループ会社が株式を持ち合う「循環出資」の解消や、製造業などによる銀行所有の規制強化といった改革案を公表した。就任後の組閣では、「財閥スナイパー」の異名を持つ経済学者の金商祚《キム・サンジョ》を公正取引委員会委員長に起用し、財閥改革の司令塔に据えた。

しかし、大統領就任後は自主的な経営改善を促すという穏健な路線を進めた。

文在寅政権が抜本的な財閥改革に踏み切れないのは、サムスンの業績が落ち込み、韓国経済全体が悪化しかねないと危惧しているためとみられる。

政権発足当初は、「労働者寄り」の立場を鮮明にし、経済界とは距離を置いてきた。経済政策も公共部門で雇用を増やし、民間企業が雇用を拡大すれば助成金を支給する政策などを打ちだした。だが大きな変化は表れていない。

18年の実質経済成長率は、2・7%と6年ぶりの低成長となった。19年の見通しについて韓国銀行は、従来の2・6%から2・5%に下方修正した。経済が減速するにつれ、文在寅に失望した若者が次第に政権から離れていき、支持率の下落に歯止めがかからない。

財閥には、文在寅が進める経済政策での目にみえる成果や雇用の拡大などで協力を求めている。この段階で財閥を対象に規制を強化すれば、財閥は萎縮する。第4次産業革命の柱と見込むＡＩなどの成長戦略にもブレーキがかかってしまう。第4次産業革命を後押しする文政権は、ＡＩなどを牽引している財閥からはむしろ規制緩和を要求されている。文在寅政権の最優先課題が経済の浮揚である以上、背に腹は代えられないのが本音だろう。

19年に入ると、文在寅は政権幹部に産業界との活発な交流を指示し、自らも企業との距離を縮め始めた。

「良質な雇用創出は韓国経済の当面の最大の懸案。皆さんがその先頭に立っていただきたい」。1月15日、文在寅はサムスンの李在鎔ら経済人を青瓦台（韓国大統領府）に集めた席で、雇用拡大へ企業側の協力を求めた。懇談会にはサムスン、現代自動車、ＳＫ、ＬＧ、ロッテの五大財閥を筆頭に、主だったトップが勢ぞろいした。中堅企業の経営者も招かれ、参加した経済人は１３０人に上った。

李洛淵首相も1月10日にサムスン電子の本社を訪問。出迎えた李在鎔に「昨年の韓国の輸出が史上初の6000億ドルを突破したのはサムスンの半導体輸出の役割が絶対的だった」と持ち上げた。

対北朝鮮にも経済界を利用

文在寅政権のもう1つの優先課題である北朝鮮問題にも経済界は利用されている。

2018年9月18日、平壌で開いた南北首脳会談にあたって韓国政府は、サムスンの李在鎔ら17人の経済人を文在寅に随行させた。李在鎔のほか、金容煥《キム・ヨンファン》・現代自動車副会長、崔泰《チェ・テ》源《ウォン》SK会長、具光謨《ク・グァンモ》LG会長の四大財閥が参加。現代自動車を除けば全員がオーナー一族出身の意思決定者だった。

韓国の大企業にとって経済格差が著しく、様々なリスクもある北朝鮮は、将来はともかく目先の投資先としては決して魅力的な市場ではない。メリットよりデメリットが多いと感じているはずだ。しかも、トップが北朝鮮入りするのはためらいもあったようだ。南北ビジネスに慎重な大企業に訪朝を要請したのは、文在寅政権の強い意向だ。韓国に期待をかける北朝鮮指導部に配慮したのだった。

非核化が進展しない段階での南北経済協力を米政権は快く思わない。文在寅はそれも承知で、経済制裁が緩和されれば直ちに、北朝鮮への投資に乗りだすというアメをちらつかせて北朝鮮の金正恩《キム・ジョンウン》委員長に非核化への取り組みを促そうとした。そのためにも大企業トップの参加が大きな意味を持つと判断した。

朴槿恵前大統領への不正資金疑惑に絡み贈賄などの罪で有罪判決を受けた李在鎔の訪朝には、韓国世論の賛否が分かれた。それでも文在寅は批判覚悟で平壌に同行させた。韓国経済の起爆剤にもなるとみる南北経済協力への並々ならぬ意欲の表れだった。

財閥改革を掲げて大企業と距離を置いてきた文在寅も、経済政策や南北融和のために財閥の力を必要としている。不公正経済の是正に向けた対象が、むしろ頼る存在になっているのが現実だ。同じ革新系大統領だった盧武鉉もやはり最後はサムスンに頼った。文在寅は、資源に乏しく輸出に頼る国家で成長と分配を両立させるのがどんなに難しいことかと肌身に感じているだろう。財閥改革を主張する革新系与党や労組の団体からは、「新財閥政策に後戻りしている」「財閥重視、労働者軽視」などの厳しい批判を招いている。

サムスン側も政権側の要請を断るわけにはいかなかった。別の財閥のある幹部は、韓国での青瓦台と企業との関係について、「安心して国内で事業を進めるには、青瓦台に刃向かうのは許されない。とにかくにらまれないように振る舞わなければいけない」と話す。財閥に厳しい立場をとる革新系の大統領が率いる政権ならなおさらのことだ。

今回の経済人メンバーには、四大財閥やポスコのトップに加え、韓国鉄道公社、韓国電力公社、韓国産業銀行らインフラ建設で中心的な役割を果たす公企業のトップの顔が並んだ。北朝鮮側に配慮した形跡がある。

金正恩指導部が、北朝鮮の経済発展のために最も欲しがっているのが、産業の基盤となる道路や鉄道、電力といったインフラ整備だ。周辺国からの資本や技術の支援を当て込んでいる。その最前列に南北経済協力に熱心な文在寅率いる韓国が控えている。

平壌では北朝鮮の李竜男《リ・リョンナム》副首相が、サムスンの李在鎔に「李在鎔先生はいろんな意味で有名ですね」と皮肉交じりに話しかけた。韓国内では「客への礼を欠いている」と批判の声が上がった。文在寅は意に介さない。韓国大統領として初めて訪問した朝鮮労働党本部で、芳名録に「平和と繁栄で民族の心は１つ」と書き込んだ。

図表6　韓国は6年ぶりの低成長だった

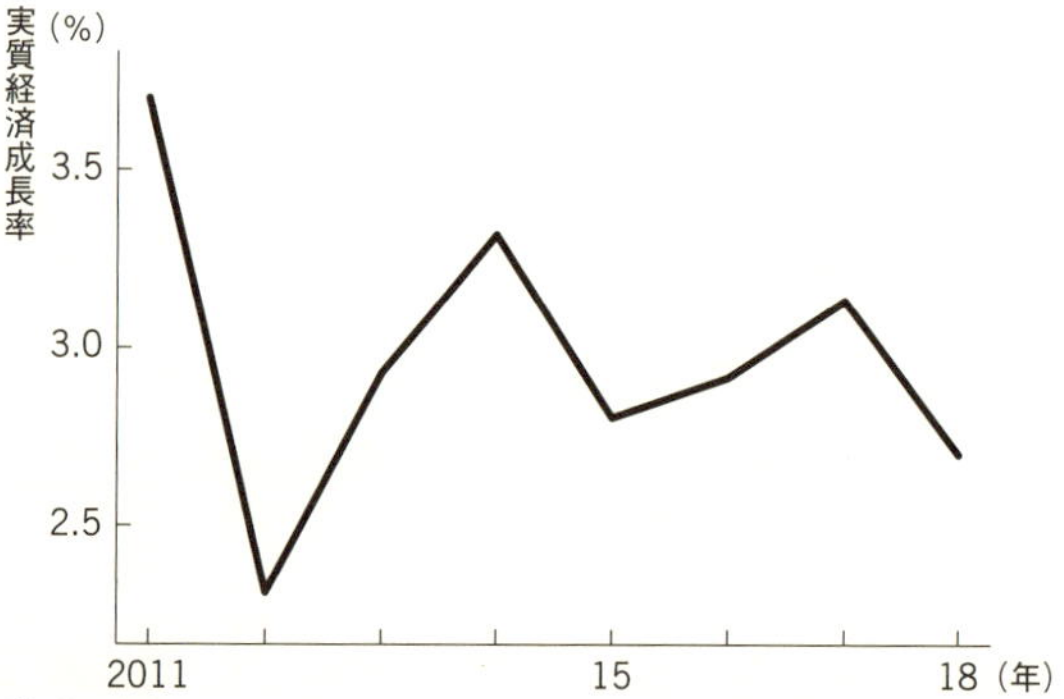

(出所) 韓国銀行

Jノミクス不振

２０１８年11月中旬、韓国で発表された世論調査結果に、政権与党内で衝撃が走った。最盛期は91%を記録した文在寅大統領への20代の支持率がわずか１年間で35ポイントも下がったためだ。その後も下降線をたどり、４カ月後の19年３月中旬には、支持率の下落幅は54ポイントまで拡大した。最大の要因ははっきりしている。経済運営だ。文在寅の名前をもじってつけられた経済政策「Ｊ(ジェー)ノミクス」「文ノミクス」は、その思惑とは裏腹に若者の厳しい視線にさらされている。

雇用率、失業率、就業者数、青年失業率――。ソウルにある青瓦台の大統領執務室の壁には、４

図表7　韓国主要産業の景況サイクル

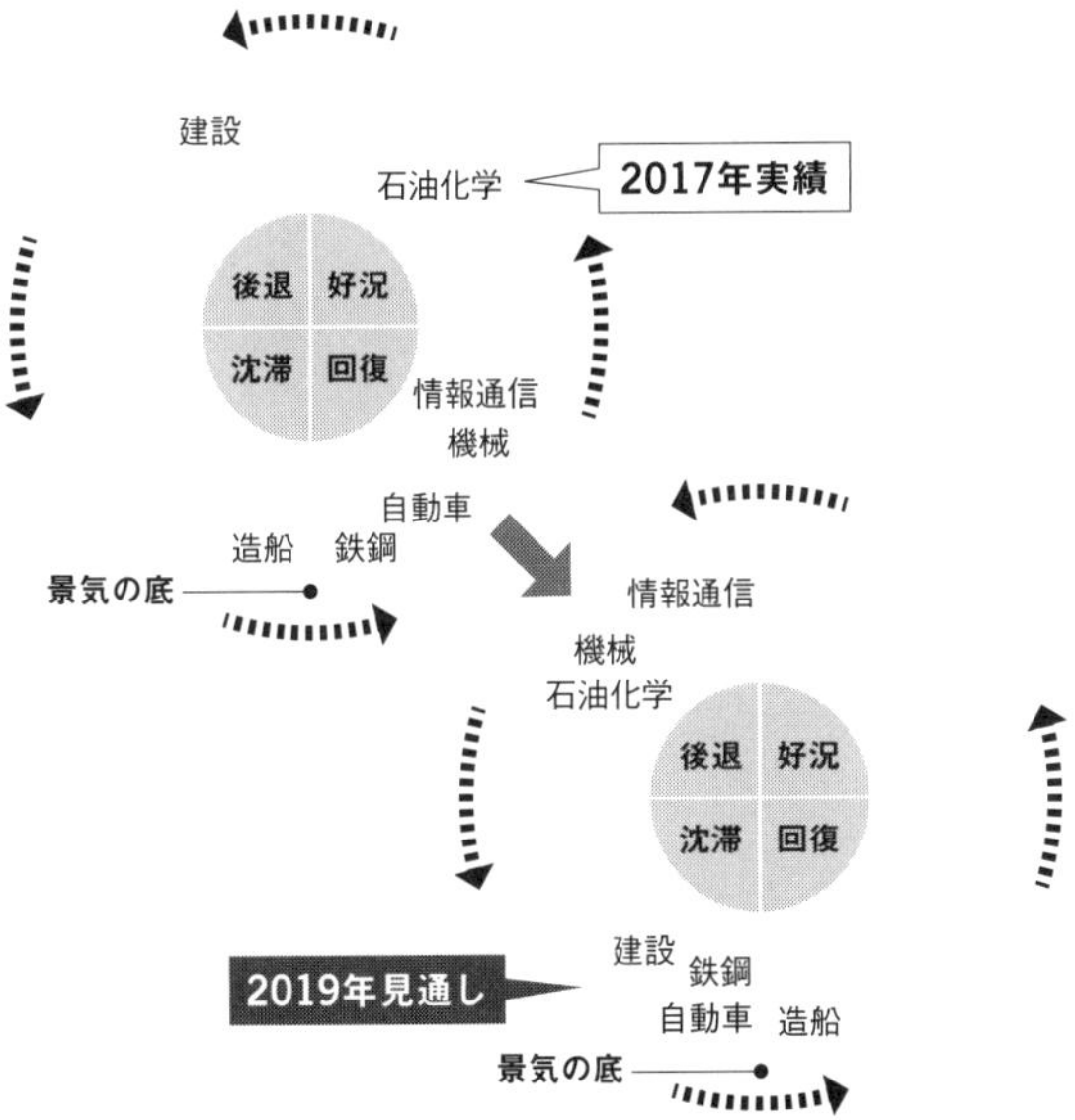

（注）現代経済研究院作成

部門・18指標の「雇用状況ボード」が掲げられている。文在寅の指示により、非正規労働者を多く雇用している企業の推移や正規職との賃金格差など、雇用に関するデータの推移が一目でわかるようになっている。

　Jノミクスは、「ともに豊かに暮らそう」をキャッチフレーズとし、①所得主導成長、②革新成長、③公正経済——をめざす経済政策だ。歴代の保守政権が成長に向けて規制改革や労働市場改革を志向したのに対し、所得を増やして景気を浮揚させる経済政策路線「所得主導成長」を柱としている。成長よりも分配、経済の活性化よりも経済の民主化に力を入れる。それらを政府主導で推進していくというのが、Jノミクスの触れ込みだった。

幻想の「雇用大統領」

韓国で深刻な社会問題となっている15~29歳のいわゆる青年失業率の悪化。2018年3月には11・6%を記録した。就職をあきらめた人やアルバイトをしながら就職活動する人を含んだ青年拡張失業率(体感失業率)は、23%に達する。青年4~5人に1人が事実上の失業状態にあり、失業者全体の4割弱を占める計算だ。18年9月の求人倍率も0・60倍と日本の約3分の1にとどまった。

日韓は、「国交正常化以降、最悪」といわれるほど政府間関係が冷え込んだ。にもかかわらず、日本企業が参加する韓国各地の就職面接会には韓国人学生ら希望者が殺到する。韓国政府は従軍慰安婦問題や元徴用工訴訟などの歴史問題では、日本との摩擦拡大も覚悟で強硬姿勢を貫く一方で、日本企業や政府に対し、韓国の就職戦線で職からあぶれた学生らの受け入れを働きかけている実態がある。

19年3月には、文在寅が日本も含む外資系企業の経営者を青瓦台に招いて懇談会を開いた。日本企業関係者に、「経済的な交流は政治とは別にとらえるべきだ」「人的交流が民間領域に拡大し、企業間の経済交流が活発化するように願っている」と述べたという。

多くの若者の悲鳴を聞いた文在寅は、17年の大統領選で「雇用大統領になる」と宣言した。政権発足後、真っ先に取り組んだのも「非正規職ゼロ」と「公共部門を中心に81万人の雇用創出」の実現だった。

もっとも19年5月で政権発足から3年目に入ったが、大統領執務室に掲げられた雇用状況ボードの数字は伸びず、文在寅の顔色はさえない。

最低賃金引き上げの悲劇

文在寅が大統領選で掲げたもう1つの目玉公約が、「1時間あたりの最低賃金を1万ウォン（約1000円）に引き上げる」だ。所得主導成長政策の柱であり、文政権発足後、韓国の最低賃金は18年に7530ウォン（前年比16・4％増）、19年に8350ウォン（同10・

9％増）と大幅に上昇した。消費拡大や設備投資増などから企業の成長につながる好循環が期待できるとしている。しかし、韓国では成長より先に思わぬ副作用が生じている。

最低賃金の急騰に、国内の中小・零細企業が悲鳴を上げた。特に自営業者が人件費の負担増に苦痛を強いられ、早い時間に店を閉めるほか、人件費削減のため採用を減らすなどの自衛策をとらざるを得なくなった。人手が足りない場合は、家族を動員して急場をしのぐほかない。文在寅が指示した非正規職の正規職化もかえって新規就職者の就職難に拍車をかけているとの指摘も出た。

中小企業などではリストラが本格化した。韓国メディアによると、雇用の牽引役である製造業、卸・小売業、宿泊・飲食業の三大業種で雇用が目立って減っており、中小企業などを退職した失業手当受給者は18年7～9月期時点ですでに49万人を超えた。韓国経済紙は「労働時間の短縮と『＃ＭｅＴｏｏ』運動の影響で夜の会食が消えた。大企業周辺の大型飲食店も売り上げが大幅に減り、廃業を考慮する店が増加している」との外食業界団体の幹部の話を紹介した。

アルバイト学生らも最低賃金の引き上げを手放しで歓迎しているわけではない。店舗側の方針によってファストフードやコンビニエンスストアのバイト先を失ったり、勤務時間を減らされて最低賃金の引き上げ前より月収が少なくなったりした学生もいる。

若者・弱者の救済をめざした政策が、かえって雇用を脅かし、生活を追いつめる皮肉な現象がみられると韓国メディアは報じた。保守系野党は「雇用の悪化に追い打ちをかけている」と政府への攻撃を強めている。

格差縮小にこだわる

Ｊノミクスが注力しているのは、韓国で広がる格差の縮小と、偏在する富の再分配だ。経済専門家の間でも、現在の韓国で政策の方向性は間違っていないとの指摘が多い。しかし、経済の成熟化と高齢化が進行する中で経済の構造改革を進めるのは、並大抵のことではない。

文在寅は強気を崩さない。２０１９年１月の年頭記者会見では、冒頭発言の大半を経済問題に割いた。「雇用で国民の期待に応えられなかった」と、分配重視の経済政策で成果が出ていないことを認めた。だが、「今年は政府の経済政策が正しい方向だと体感できるようにする」とJノミクスの転換を否定した。

文在寅は柔和な表情で周囲の意見に耳を貸す。黙って聞いているが、その結果、自分の考えを変えることはまずない。同じ革新系でも盧武鉉大統領は自分と異なる主張を進言されると、その場では相手を論破するものの、後になって正しいと思い直せば柔軟に取り入れた――。韓国の政治学者は2人の違いをこう語る。経済政策について、文在寅は国会での施政方針演説でも、「すぐに効果が出ないからといって経済的不平等を深める過去の方式に戻ることはできない」と、不退転の決意を強調した。

北朝鮮は蜘蛛の糸

文在寅が南北融和路線に突き進む背景には、思うようにいかない経済への焦りがあるようにみえる。

19年4月27日、南北軍事境界線上の板門店で開いた金正恩との初の首脳会談。文在寅は金正恩と2人だけで散策した際、自ら温めた「新経済地図」構想のデータを収めたUSBメモリーを手渡した。鉄道や道路、ガスパイプライン、電力網を南北で結ぶことで、いまは「陸

北朝鮮のパレードで花飾りを手にした北朝鮮の女性たち（2016年、平壌）＝筆者撮影

の孤島」となっている韓国を、ユーラシア大陸の中国やロシア、欧州と連結させて経済成長につなげる壮大な構想だ。北朝鮮の脆弱なインフラの近代化に巨額の資金が動くとの思惑から、韓国では首脳会談直後、建設、鉄道株が急騰した。

文政権はロシアにも17年秋に、天然ガス、鉄道、電力、港湾など韓ロの「9つの懸け橋」政策を提唱するなど布石を打っている。

当時の金顕哲《キム・ヒョンチョル》大統領府経済補佐官は日本経済新聞のインタビューで、「文在寅大統領は韓国と北朝鮮をイデオロギーでなく、経済関係から見た初めての大統領だ」と指摘。「恒久的な平和実現にはともに繁栄する必要がある。これ

図表8　朝鮮半島新経済ビジョンの韓国への波及効果（2020〜24年）

	生産誘発額（億ウォン）	雇用誘発（人）
自動車	93,867	30,681
鉄鋼	47,130	9,333
機械	54,622	21,546
ICT家電	130,220	36,478
石油化学	73,737	17,763
繊維	24,258	12,723
合計	423,833	128,522

（出所）チェ・ナムソク韓国全北大貿易学科教授の発表資料

が文在寅大統領の対北朝鮮政策だ」と話した。

文在寅は南北融和論者でありながら、「南北統一」という言葉を最近あまり口にしない。統一問題を突きつめれば必ず体制論争につながり、北朝鮮を刺激しかねないからだろう。

その代わりに朝鮮半島を1つのマーケットとする経済共同体を熱っぽく語る。南北融和と経済協力で停滞する韓国経済を再び成長軌道に乗せる起爆剤とするもくろみもある。

北朝鮮問題の解決は文在寅にとって安全保障にとどまらない。袋小路に陥ったJノミクスを窮地から救いだし、韓国経済を再び高成長に引き上げる蜘蛛の糸のように映っている。

「奇跡のように訪れた機会であり、決して逃してはいけない機会だ」。文在寅は国内外でこう訴える。だが、肝心の北朝鮮が制裁解除の前提となる非核化措置の歩みを遅々として進めない。Jノミクスの前途は霧が晴れない。

過去と生きる韓国

ベトナムと韓国――。およそ3000キロメートル離れたアジアの中堅国には歴史上の深い因縁がある。

2019年、2回目の米朝首脳会談と、日本統治下の抗日独立運動「三・一運動」100年記念式典を取材するため、筆者は2月26日から3月3日までの6日間、両国の首都であるハノイとソウルを訪れた。そこで目にしたのは、過去や現在との向き合い方をめぐり、対照的な姿をみせる2つの国家のそれぞれの生きざまだった。

韓国には至るところに日本との「過去」がみられる。3月2日、ソウル中心部に近い西大門刑務所歴史館は大勢の韓国人観光客でにぎわっていた。日本統治時代に多くの独立運動家らが投獄された刑務所がそのまま保存されている。韓国映画やドラマにも登場する赤レンガの壁と望楼の建物をバックに、家族連れやカップルが次々と記念撮影していた。韓国の国旗

日本統治時代に独立運動家が投獄された西大門刑務所は歴史館となっている（ソウル）＝筆者撮影

である太極旗を手にする人が多い。その中で、幼い男の子が、いまから100年前の抗日独立運動の際に叫ばれた「万歳《マンセー》」のポーズをとりながら写真に収まった。

この前日の3月1日、刑務所跡地からほど近い光化門広場で、韓国政府主催の「三・一独立運動」100年記念式典が開かれた。文在寅大統領が、植民地時代の日本統治に協力した「親日残滓」の清算を呼びかけ、独立運動家をたたえたことも影響しているのだろう。刑務所歴史館の入場券を買い求める人々で400～500メートルに達する長蛇の列ができていた。

刑務所跡地を含む西大門独立公園に入る

と、三・一独立宣言記念塔と、三・一独立運動の際に読み上げられた宣言文が掲げられた壁面が観光客を出迎える。宣言文を読むと、当時の日本からの独立表明ではあるが、独立によって日本を含む東アジアと世界の平和の実現をしようと訴えており、日本人の良心や理性に期待する内容になっているのがわかる。

日本が韓国を併合したのは、１９１０年8月29日。三・一独立運動が起こるのはその９年後の１９１９年3月1日だ。天道教やキリスト教、仏教など各宗教界から選ばれた33人が独立宣言書に署名し、極秘に全国に発送した。これを機に京城（ソウル）、平壌、元山《ウォンサン》などの主要都市から全国に運動が広まったが、強大な武力をもつ日本軍に制圧された。

李舜臣の銅像はすべて日本の方角に向けられているといわれる（慶尚南道統営）＝筆者撮影

現在の韓国には公園など街のあちこちに銅像が建っている。李舜臣《イ・スンシン》に代表される武将のほか、日本統治時代に日本の要人を暗殺したり、日本に抵抗して獄死したりした独立運動家がめだつ。こうした人物は韓国で「義士」「愛国烈士」などと呼ばれている。ソウルを離れて韓国を南下すると、400年以上も前に豊臣秀吉軍が朝鮮に侵攻し、朝鮮・明両軍と戦った「『壬申倭乱』（文禄・慶長の役）で焼失した」と案内文に書かれた建物をよく目にする。

ソウル駅の近くにある民族運動家、金九の記念館も日本との関わりがある建物の1つ。足を運ぶと、西大門刑務所歴史館と打って変わって、静寂な空気が流れていた。金九は、三・一独立運動後に国外に逃れた運動家が上海に設けた亡命政権「大韓民国臨時政府」の幹部でもある。三・一独立運動と同じく臨時政府も今年で設立から100年を迎えた。

金九を尊敬する文在寅が三・一独立運動の記念日に先立つ2月26日、閣議を招集し、「親日の清算が正義の国に進む出発点だ」と述べた場所が、この白い大きな記念館だ。記念館の職員らしき男性にそのことを尋ねてみると、「そうだ、ここだ」と誇らしげに答えた。

「反日無罪」

記念館の近くに、右手に手榴弾を握りしめ、まさに投げようとしている人物の銅像が立っている。1932年に金九の指揮のもと、昭和天皇の暗殺を試みて処刑された李奉昌《イ・ボンチャン》だ。日本人からすれば要人を殺害したテロリストや日韓友好に反する銅像の建立も、韓国人には「支配された被害者側の民族感情の表れ」となる。

ソウルの日本大使館前の歩道と、釜山の日本総領事館前の歩道に韓国の市民団体が無許可で設置した従軍慰安婦を象徴する少女像も、韓国では同じ文脈で語られる。たとえ国際法に反しても、つらい歴史を強いられた民族の感情が優先される。民心を恐れる政府はそれを制止することはできない。むしろ、文在寅政権下では、「国民に寄り添う」との名分でナショナリズムを喚起するのに利用してきた面がある。

韓国社会では中国と同様に「反日無罪」という言葉が使われてきた。日本人や日本の組織に対して利益を害する行為をしても、「反日」を理由にすれば罪に問われないという意味だ。一方で、韓国人が日本統治時代の出来事に理解を示したり、そうでなくとも、客観的な分析を提起しただけでも、「親日」のレッテルを貼られ、国内世論から猛烈なバッシングを受ける例が少なくない。

植民地時代に朝鮮半島出身者が味わった辛苦は日本人にも否定できないだろう。慰安婦問題をめぐる２０１５年の日韓政府間合意の際、安倍晋三首相は「元慰安婦の方々の筆舌に尽くしがたい苦しみを思うと心が痛む」とし、「心からのおわびと反省の気持ち」を表明した。

韓国ではそれが「真の謝罪」と受けとめられない。むしろ文在寅は18年の三・一独立運動の記念式典で、「加害者である日本が『終わった』と言ってはいけない」と述べ、「最終的かつ不可逆的な解決」をうたった慰安婦合意の履行を求める日本政府を牽制した。保守系の朴槿恵も大統領だった13年の同じ日、「加害者と被害者という歴史的な立場は1000年の歴史が流れても変わらない」と指摘し、日本政府に「積極的な変化と責任ある行動」を迫ったことがある。

韓国の対日感情は保守も革新も大差ない。市民の日常生活に「過去」と「日帝（日本帝国主義）」が絶えずつきまとっている。

19年の三・一独立運動の記念式典に関連した日本人の被害者はいなかったようだ。筆者自身、当日の式典を現地で取材したが、どこかのんびりしたムードもあり、同じ場所で2年前に目の当たりにした朴槿恵政権打倒の「ろうそくデモ」の熱気からは程遠いものだった。危険もまったく感じなかった。それもそうだ、と思った。韓国人が毎年、この日を祝うのは独立国としての原点を確認するためだ、と聞いたことがある。日本の敗戦によって植民地支配から解放されたが、我々には自力による独立を求めた歴史もあるのだ、と。日本人が三・一独立運動に絡めて「反日」を過度に警戒するのはおかしいのかもしれない。

いまを生きるベトナム

ふと、この日の未明まで滞在したベトナム・ハノイでの感慨がよみがえった。

ベトナム戦争の悲劇の１つに挙げられるのが、激戦地の中部に投入された韓国軍兵士による住民虐殺だ。その数は40件以上とされる。ベトナムの各地に、当時の虐殺の生々しい光景や被害者の実名を刻んだ慰霊碑が立てられており、当時の惨状はいまでもベトナム人の記憶に深く焼きついている。

ベトナム政府はそんな複雑な思いを抱えつつ、１９７５年のサイゴン（現ホーチミン）陥落によりベトナム戦争が終結すると、「ドイモイ（刷新）政策」と呼ぶ開放路線のもとで韓国にも積極的に企業誘致を働きかけた。サムスン電子などの巨額投資などにより、ベトナムで韓国は日本と並ぶ有数の投資国になった。そうした結果、ベトナムはいまも東南アジア主要国で最高水準の実質成長率を続けている。

ベトナムは韓国を含め外資を積極的に誘致している（ハノイ）＝筆者撮影

ベトナム戦争中の悲劇に、ベトナムの政府や国民は戦後、どう向き合ってきたのか。

２０１６年9月13日付日本経済新聞夕刊に掲載されたハノイ支局長（当時）の記事「韓国軍の記憶は慰霊碑に、ベトナム、恨まず未来へ」に詳しい。

記事は、２人の乳飲み子を抱いたまま韓国軍兵士に銃殺された女性を肉親に持つ人や、韓国軍によって母、祖母、妹を失い自身も失明した人など、虐殺事件の被害に関わった数多くのベトナム住民の声を紹介している。

「怒りはあるけど、憎しみを行動には移さない」「韓国の学生が慰霊に来る。若い世代のためにもしこりを残してはいけない」「悲劇は決して忘れないが、過去の扉を閉じなければ未来の扉は開かない」――。どの声にも共通点を感じる。

記事によると、住民たちは「韓国政府による賠償がない」ことに不満も抱いている。50代の村民は「お金が欲しいからではない。母と妹のように無念の死を遂げた人たちを慰霊するために使いたい」と語った。相手国との「いま」と「未来」を見つめるベトナム人の姿が印象的だ。

ベトナムでの米朝首脳会談の開催日が決まったとき、当日までわずか3週間しか残っていなかった。開催都市の発表はさらにずれ込んだ。世界が注目する外交イベントの準備でベトナム政府は強行軍を強いられたが、「国家の威信をかけて会談を成功させる」という意気込みが政府や住民からひしひしと伝わってきた。19年2月27、28日の2日間にわたった会談は、運営面で大きなトラブルがなく幕を閉じた。肝心の首脳会談がなぜ決裂してしまったのかをよく理解できないベトナムの政府関係者や国民の表情が、気の毒に思えた。

第二次世界大戦では、日本も米国から首都東京に大空襲を受けたり、広島と長崎に原子爆弾を2度投下されたりしておびただしい犠牲者を出した。戦勝国、敗戦国、植民地統治された国がそれぞれの「戦後」を生きている。

格差と若者の反旗

文在寅を頂点に押し上げた2017年大統領選は、韓国の政治・社会が、「地域主義より世代対立」（韓国中央選挙管理委員会選挙研修院の高選主《コ・ソンギュ》教授）を強めていく契機になった。そのことを、ソウル支局時代に取材した18年の平昌冬季五輪で実感した。

1988年のソウル五輪以来、30年ぶりの自国開催を成功させようと文在寅政権は、並々ならぬ意気込みをみせた。北朝鮮も委員長、金正恩の妹、金与正《キム・ヨジョン》ら高官代表団や女性応援団を韓国に送り込み、「微笑み」攻勢で韓国世論の取り込みを図った。

平昌冬季五輪は成功した。だが、必ずしもすべてが文政権のシナリオ通りに進んだわけではない。若者が反旗を翻したからだった。

震源地となったのは、アイスホッケー女子の南北合同チーム結成問題だ。文在寅政権は、「民族の平和」や「民族和解」のシンボルとして国民から喝采を浴びると踏んでいた。ところが、自国選手への事前説明もない政府主導の決定は、大きな波紋を広げた。文政権と敵対する保守層ばかりか、多くの若者から、「スポーツを政治利用するな」「選手たちがかわいそうだ」との声が上がった。選手の長年の努力を無視した政府に非難の声が集中したのだ。文政権には大きな誤算だった。

五輪当時の韓国のテレビ局の世論調査では、南北合同チームの結成に否定的な意見が72％を占め、20～30代の若者では82％に達した。韓国政府が北朝鮮代表団の滞在費を支援する案に「反対」との回答が、「賛成」を10ポイント近く上回った。

青瓦台ホームページの国民請願の掲示板には、南北合同チームに反対する書き込みが殺到した。アイスホッケー女子はプロチームもなく、五輪は選手にとって最高の晴れ舞台。開会まで1カ月を切って突然、夢が絶たれかねない不条理に選手への同情が若者を中心に広がった。朝鮮半島を描いた「統一旗」を手にした開会式などでの合同入場行進にも「韓国の国旗を掲げればいい」と冷めた意見が届いた。

若者から始まった反対の声は、ほかの世代に広がり、日本経済新聞の取材にも「若者は競争を勝ち抜くため、必死に特技を身につけようとしている。だからこそ五輪に青春をささげた選手が出場機会を奪われるのが許せない」（ＩＴ会社の社員）、「国民の声に耳を傾ける大統領のはずが、五輪は独断が目立つ」（自営業の男性）などの怒りの声が数多く寄せられた。

韓国の若者には、北朝鮮で30代の若さで権力を握り、核・ミサイル開発に突き進む金正恩委員長や出身階級で人生が決まってしまう北の体制への嫌悪感もある。3代世襲の若い最高権力者に向かう若者の反感は、サムスンなど財閥創業家一族に対する厳しい視線と通じる。

五輪での合同チーム結成を優先した文在寅政権の対応は、大義のためには個人の犠牲をいとわないと映り、社会や政治に不満を抱く若者の感情を刺激した。側近以外を遠ざけ、「不《プル》通《トン》」と呼ばれて、弾劾の末に罷免された前大統領の朴槿恵と重ねる向きもあった。国民との風通しの良さを最大の売り物にしてきた文政権にとって非常事態だった。

南北合同チーム結成の決定後、文在寅の支持率は一部の世論調査で初めて6割を切った。文政権は南北関係をすべてに優先すれば、政権誕生の原動力となった若年層から思わぬしっぺ返しを受けかねないと悟ったのではないか。合同チーム結成の経緯をめぐり文在寅は謝罪に追い込まれた。

韓国男子の不満

若者は思わぬところから政権に牙をむく。

韓国人女性が人生で出合う困難や差別などを描いた小説『82年生まれ、キム・ジヨン』（２０１６年刊）が、韓国で大ベストセラーになり、日本でもアジア文学としては異例の売り上げをみせた。韓国は伝統的に「男尊女卑」という言葉に代表される、家庭や職場で男性が優遇される社会だとみられてきた。実際、筆者が最初に韓国に駐在した２００４～07年にはそんな空気を感じることがあった。

男性優位社会が長らく続いた韓国だが、近年は米国発祥の「＃ＭｅＴｏｏ」運動が飛び火し、女性によるセクハラ告発が相次いでいる。次期大統領の有力候補だった50代の革新系政治家は、元秘書から過去の性的暴行を告発され、政治活動から身を引いた。

女性を暴力から守る法整備も進む。「女性暴力防止基本法」が18年12月、国会で成立した。セクハラやストーカー行為など、これまで法的根拠がなく処罰が難しかった行為を「女性暴力被害」と規定し、取り締まれるようにする趣旨だ。性別・年代別の文在寅大統領の支持率で20代女性が高いのはそのためだ。

15～18年の2回目の駐在では、ソウルの街でおとなしそうな男子を女子がたくましくリードしている若いカップルにしょっちゅう出くわすようになり、韓国社会への印象が少し変わった。

韓国では女性の職場進出が進む。2019年1月の時点で閣僚級ポストに占める女性の割合は日本の5・3％に対し、韓国は22・2％（世界の国会議員が参加する列国議会同盟と国連組織の「UNウィメン」調べ）と日本を先行している。日本より先に女性首脳も生まれている。

日本経済新聞にソウル発で、「若者男性、文政権に『反旗』」との記事が掲載された。それによると、最近は、女性政策に熱心な文政権にむしろ「女性を優遇している」と異論を唱える若い男性が増えている。

いまの20代は「男女平等」の価値観で生まれ育った世代。むしろ兵役義務があり、そのせいで就職も難しくなると感じる若い男性が「女性は優遇されている」と感じ、女性政策に熱心な文政権に批判の矛先を向けている。

18年春、ソウルの名門私大で、ある男子学生がクラスメートの女子学生に、「うちの女子はみんなかわいいよね」と発言したことが問題になった。学生による対策委員会が「言葉による性暴力事件」と認定。男子学生に学内活動の制限を勧告した。これには「厳しすぎる」との声が上がり、同委も勧告を見直したが、女性から不快と思われれば社会的な制裁は免れないのがいまの韓国社会だ。

生きづらい渦巻き社会

不満の根底には、1997年のIMF(国際通貨基金)危機以来の超競争社会に生きる若者の意識変化がある。南北統一という国民全体の悲願より、まずは個人の幸福や権利を求めるのが今どきの10代~20代だ。

第二次世界大戦後、朝鮮半島を占領した米軍の通訳も経験した米国の研究者グレゴリー・ヘンダーソンは著書『朝鮮の政治社会』(サイマル出版会刊)で、韓国社会・政治文化を、円錘型の「渦巻き」に例えた。つまり、同じ頂点をめざして吹き上げる上昇気流にすべての人が吸い上げられ、地面にたたきつけられるという意味だ。

韓国国民は上昇志向が強く、一流大学を卒業し、医者や弁護士、学者などの専門職や大企業に就くのを理想とする画一的な価値観がある。

7割前後の驚異の大学進学率の裏側で4年制大卒の就職率は65％程度にとどまる。同じゴールに向かう渦巻き社会からこぼれ落ちる人のほうが圧倒的に多い。とりわけいまの30代以下は韓国で就職難が本格化した世代だ。にもかかわらず、学歴に見合った就職先に執着し、中小企業を避ける傾向が強い。

なぜか。一握りの専門職や有名企業に就職できないと負け組のレッテルを貼られ、中小企業への就職を敗北とみなす社会の空気があるからだ。さらに、社会的な地位は勤め先と役職に大きく左右されやすい。大企業と中小・零細企業の賃金や待遇の格差も、日本に比べてずいぶんと開いている。

国内の限られたパイからあぶれて、海外に活路を見いだそうとする若者も多い。日本で出会ったある韓国人留学生は「(ソウルの3大名門大学の)ＳＫＹ(ソウル大、高麗大、延世大)に入れないと親戚とも会いづらい。叔父さんや叔母さんから『どうやって生きていくつもりなんだ』としつこく聞かれるから」と、旧正月に帰省を見送った理由を教えてくれた。

家族や側近も含めて権力が集中する大統領制度やワンマン経営の財閥企業にも韓国社会の「渦巻き」構造をみることができる。絶対的な中央集権だった朝鮮王朝にその原点を見いだす向きもある。

一握りの枠をめがけてほぼ全員が殺到する一方で、企業経営者の世襲の多さやコネ・人脈が社会で幅を利かせるのも韓国社会の特徴だ。人生は生まれた家庭によって決まってしまうという「金のさじ、銀のさじ、土のさじ」「ヘル朝鮮」（地獄のように生きづらい韓国社会）といったスラングが若者の間で流行する背景になっている。

２０１０年頃から、「恋愛、結婚、出産」をあきらめた「三放」世代という言葉が使われ始めた。実際、子どもを産んでも幼少期から家庭教師や塾通いで教育費の負担が家計を圧迫する。塾教育の過熱ぶりは日本を大きく上回る。経済事情から子どもを持つことに慎重な家庭は多い。さらに韓国は産後の会社復帰がひときわ難しいといわれる。

韓国統計庁は19年1月27日、18年に同国で生まれた子どもの数（出生数）は前年より3万人余り少ない約32万７０００人で、過去最少だったと発表した。１人の女性が生涯に産む子どもの数にあたる合計特殊出生率は０・９８と、データがある１９７０年以来初めて1を割り込んだ。少子化が進む日本の出生率1・43（17年）よりも急速に出生率が低下しており、世界でも最低水準となった。

韓国の大学生に「今」と「未来」を聞く

2017年5月、韓国を政権交代に導いたのは、前大統領、朴槿恵の友人の国政介入に対する市民の不満が端緒だった。だが、怒りの本質は、政治、経済の不平等や長年の不正・腐敗などへのため込まれた「恨」のマグマが爆発したものだった。

未来を担う韓国の若者は社会をどう見つめているのか。文在寅政権発足1年目の2017年にソウル市内の大学で学ぶ10代と20代の男女4人に話し合ってもらったことがある。「韓国社会が抱える最大の課題」は何かを聞くと、最年長のパク君（26・年齢はいずれも当時）は「過度な競争社会」を挙げた。「韓国は画一化した教育構造と、学歴や正規・非正規職などの格差社会が重なる中で、10～30代の青年は激しい競争社会に育ってきた。いま怒りに満ちている」と憤懣やる方ないという顔で言った。「暮らしの余裕がなくなっていて、いますぐ教育制度と経済構造を改革しないと今後さらに厳しくなる」と政府に対応策を求めた。

韓国は日本以上に学歴至上主義の超競争社会だ。さらに受験戦争を勝ち抜いても、その先に苛烈な就職戦線や会社での出世争いが待ち受けている。徴兵制による軍隊生活を終えたパク君はすでに20代半ばを迎えている。「将来の最も大きな悩みはどんな職業に就くか。お金はもちろん重要だが、高度成長期を過ぎた韓国社会で自分の人生の質を保証できる職場がどこにあるのか悩み苦しんでいる」。パク君が胸中を吐露した。

大学に入って間もないチョン君（18）は、「有銭無罪・無銭有罪」という韓国で使われている造語を紹介した。これも格差の深刻さを示す言葉だ。「お金がないと仕事の機会すら与えられない」と不満をあらわにした。

次に「政治に期待すること」について、10代で女性のカンさん（19）が真っ先に挙げた「青年失業の解決」は、韓国の若者に共通する思いだ。15～29歳の青年失業率約10％で高止まりが続く。17年5月の大統領選では、文在寅をはじめ各候補が保守、革新問わず雇用や福祉など国民に関心の高い分野を中心に競ってバラ色の公約を並べた。

チョン君は、「庶民のことを考えるふりをするより、経済を成長させてから福祉を考えるべきだ」と、公正経済を志向する文政権の政策に批判的で、経済成長の重要性を唱えた。

現在の韓国の成長産業は、半導体頼みの「一本足打法」が実情だ。造船、海運、鉄鋼、建設、化学といった、韓国経済を長く牽引してきた産業は、政府から「五大構造不況業種」に指定された。韓国は持続的な経済成長に向けて、重工業、自動車、ＩＴに続く「第４の産業」の掘り起こしが切実な課題になっている。もう１人の女性のイムさん（23）は「もう少し先を見通せる政治家に多く誕生してほしい」と政治に奮起を促した。

イムさんは、韓国の最大の課題は、「米国や中国、日本などとの間で抱えている外交問題」と指摘した。筆者自身、韓国人との会話で強く感じるのは、韓国は国土が狭く資源もないので、経済も安全保障も国際社会と協調しながら生きていかなければならないと国民の一人ひとりが自覚している点だ。韓国外交は北朝鮮が対話路線に転換したことでいったん息を吹き返したものの、南北関係は常に不安定で、米国、中国、日本ともそれぞれ火種を抱えてギクシャクしたままだ。

早期統一には否定的

軍事境界線を挟んで向き合う北朝鮮との関係は韓国の若者の目にはどう映っているのだろ

うか。パク君は、「北朝鮮の政府は敵だが、国民にはまったく悪い感情がない」とし、南北融和が韓国の経済成長の機会になると期待していた。イムさんも、「悲惨な生活をしている北朝鮮の住民には哀れみの情を持っている」と話した。イムさんは北朝鮮が今後10年以内に崩壊するとみているらしく、「韓国政府は早く対策を立てなければならない」と語気を強めた。

2017年にソウル大統一平和研究院が韓国国民を対象にした世論調査によると、「南北統一が必要」と答えた回答は53・8%。この10年間で10ポイント下落した。40代、50代、60代以上が57・8〜67%に対し、20代は41・4%、30代は39・6%にとどまる。

大学生にも、早期の統一が望ましいかを聞いたら、ほとんどが首を横に振った。

カンさんによると、中学生時代、どの学校にも北朝鮮から逃れてきた脱北者の子どもがいたが、その誰もが差別されるのを恐れて出自を自分から明かさなかった。「彼らは『北朝鮮から報復されるかもしれないので統一が怖い』と話していた。南北が互いに行き来できない状況で統一は不可能だ」と語った。

チョン君も、「いますぐ統一しても北朝鮮の人口を受け入れられるだけの資本が韓国にはない。経済の基盤を固めてからにすべきだ」と、統一は時期尚早と主張した。韓国の若者は北朝鮮に対してシビアな目を持っているとあらためて感じた。

クジラに挟まれたエビ

中国への認識については、イムさんが、「両国の間で若者が互いに往来しながら仲良くしなければばならない」と指摘。チョン君も、「大国で先進国の中国とは韓国の経済、外交両面の成長のために手を握るべきだ」と話した。

17年当時は、米軍の地上配備型ミサイル迎撃システム（THAAD）の韓国配備によって中国が韓国に一方的な「報復措置」を続けていた。中国への不満を漏らすかと思いきや、中国との関係改善を求める声を多く聞けたことは意外でもあり、若者の感覚に新鮮な印象を受けた。

いまや韓国経済における中国の存在感と影響力は圧倒的だ。中国に支配された過去の経緯や中国人の振る舞いから韓国の中高齢層が抱く嫌悪感とは異なる、若者らしい感性がうかがえる。

日韓関係への思いについては、チョン君が、「双方の文化が相手国に広がり、市民の間では日本人は悪いやつ、韓国人は悪いやつという姿勢はなくなっている。残されたのは政治のしこりだ」とし、「ひとまず経済、政治と歴史を分離すべきだ」と提言する。

これに、カンさんが「歴史と政治、経済は分離できない」と反論した。「分断国家の韓国は北朝鮮や中国の顔色をうかがいつつ、米国の機嫌もとって安全保障を守らなければいけない。どちらかに傾いては生きていけない国家だ」との認識を示した。

韓国には、地政学的な苦境から自分たちを「クジラに挟まれたエビ」に例える言葉がある。クジラ（大国）は米国と中国だ。経済や社会の閉塞感を打破しながら、国際社会でいかに生き残るか。文在寅大統領への期待は17年当時、7割という高い支持率につながっていた。

文政権発足からほぼ2年がたった19年4月、ソウルで再会したパク君にあらためて聞いてみると、「文在寅は北のことばかり熱中していて、経済をおろそかにしている」と、冷めていた。若者の熱狂的な支持は急速に薄らいでいる。

2　憂鬱な隣国

日韓2019年問題

2019年は韓国でナショナリズムや民族意識が高まりやすい行事が相次いだ。文在寅大統領は19年を特別な年に位置づける。日本統治時代の1919年に朝鮮半島で起きた最大規模の「三・一独立運動」と、その運動後に国外に逃れた独立運動家が中国の上海や重慶などに設けた「大韓民国臨時政府」設立から、それぞれ100年の節目に当たるためだ。

文在寅ら革新勢力は、左派である前に「民族主義者」として知られる。韓国の建国年について、歴代の保守政権が南北分断下で保守派を中心に初めて政府を樹立した1948年と定めたのに対し、文在寅は建国は1919年とする考えを示している。

三・一独立運動と臨時政府の100年に先立ち、文在寅は様々な計画を打ち上げた。その目玉が、三・一独立運動100年を祝う行事の南北共同開催だった。2018年9月に平壌で開いた北朝鮮委員長、金正恩との南北首脳会談では、共同行事開催に向けた実務協議で一致した。結局、2019年3月1日を待たずに北朝鮮側が準備不足を理由に「開催は難しい」と伝えたため、韓国政府は単独で開催した。

その後も4月11日の臨時政府100年に続き、毎年恒例であるものの8月15日には日本からの解放記念日である「光復節」が控える。南北は金正恩のソウル訪問でも合意した。19年に入って北朝鮮メディアは日本が軍国主義化を進めていると非難を強め、「過去の清算」も繰り返し要求している。北朝鮮関係者は「同じ民族として対日共同戦線は十分にあり得る」と南北の歴史共闘をちらつかせており、日本政府に気の抜けない日々が続く。

米朝関係が大きく動いた19年は、対北朝鮮政策の優先順位でも日韓間の溝が浮き彫りになった。韓国は朝鮮戦争の早期終結を米国に求めている。非核化を優先する日本と、朝鮮半島の平和体制の構築に軸足を置く韓国との間で相互不信が高まっている。

「年内の終戦宣言」明記を評価

対北朝鮮で日本と韓国を分けるものは何だろうか。その答えの1つは「朝鮮戦争」にある。

1950年から53年の休戦まで3年に及んだ朝鮮戦争で、朝鮮半島は荒廃の地と化した。南北合わせて約400万人といわれる死亡者の数は、第二次世界大戦の日本の死亡者よりも多い。戦争の混乱で韓国と北朝鮮に生き別れた離散家族も約1000万人に上るとされる。

2018年8月に北朝鮮・金剛山で開いた南北離散家族再会事業で韓国メディアが伝えた感動の場面に、文在寅政権の南北融和策が国民から一定の支持を得る理由がみえる。

「99歳の母親は面会時間の終了を告げられても、北朝鮮側から参加した2人の娘と離れられず、娘たちも母親の手を離そうとしなかった」「北朝鮮で暮らす71歳の息子は65年ぶりに再会した92歳の母の懐に抱かれ、2人はしばらく号泣した」――。

離散家族が一緒に過ごせる時間は短い。休戦協定締結後も法的には戦争状態が続いており、朝鮮半島の安定と平和を待ちわびる離散家族当事者の思いは理解できよう。

18年4月27日に文在寅大統領と北朝鮮の金正恩委員長の南北両首脳が板門店で初めて会った瞬間、韓国内に設置されたメディアセンターでは韓国人記者団から拍手が起きた。会談から一夜明けた28日、ソウル市民に感想を尋ねてみると、分断国家ならではの声に触れることができた。

会談の結果を程度の差こそあれ、ほとんどの人が評価した。その理由について、誰もが休戦状態にある朝鮮戦争について、「年内の終戦宣言」を共同宣言に明記した点を挙げた。

30代の男性は「(2000年、07年、今回の)3回の南北首脳会談で一番成果があった。特に『終戦を宣言する』との合意が良かった」と語った。20代の男性会社員も、「韓国はいまでも休戦国家というイメージが強いので、終戦になれば平和の基盤のもとで経済も良くなる」と、終戦による海外からの投資拡大に期待を示した。

米軍が4月中旬にシリアの化学兵器施設を空爆した直後のタイミングだっただけに、40代の女性会社員は、「韓(朝鮮)半島がシリアのようにならなくてよかった」と安堵の表情を浮かべた。50代の女性も、「これで非常用の水やラーメンを買いだめする必要がなくなる」と話した。ただ非核化に関しては、「北朝鮮は本当に約束を守るだろうか」と半信半疑だった。40代の女性も、「いずれの合意も南北だけで解決できる問題ではない。北朝鮮のこれまでの行動を振り返るととても信用できない」と語った。

韓国人は軍事境界線を挟んで常に北朝鮮と対峙している。そのうえ同じ民族で殺し合い、一般住民にも甚大な犠牲が出た朝鮮戦争を経験しているので、何よりも戦争を避けたいとの気持ちが強い。非核化より朝鮮戦争の終結宣言に関心が高いのはそのためだ。これに対し、日本人が核・ミサイル問題に敏感なのは、世界で唯一の戦争被爆国だからだろう。日韓間で認識の擦り合わせが必要だ。

世代ごとに変わる北朝鮮観

韓国は北朝鮮への認識が世代ごとに異なる。朝鮮戦争を実際に経験した高齢者は北朝鮮を見る目が厳しい。南北両首脳は朝鮮半島の「完全な非核化」実現を共通の目標とすることで合意した。これについて、ソウルで話を聞いた78歳の男性は、「でたらめだ。韓国に核はないので『朝鮮半島の非核化』でなく、『北朝鮮が核を放棄する』とすべきだった」と酷評し、「米朝会談を通じて必ず核をなくさなければならない」と語った。

20代の男子大学生は違った。「北朝鮮は過去は合意を守らなかったが、今回は米国が前面に出ているので期待していいのではないか」と楽観的だった。南北首脳会談の様子は両首脳の出会いから別れまでが生中継された。男子学生は金正恩の印象について、「自分の叔父を処刑したりしたのをみて危険な人物と思っていたが、テレビをみたら若くて、僕たちと同じ人間なんだな、とイメージが少し良くなった」と評価した。

18年の平昌冬季五輪期間中にも、会場付近で働いていた韓国の若者たちに北朝鮮の核やミサイルを脅威と感じないかを尋ねてみた。ボランティアに参加した女子大生は、「核は危ないけど、私たちは家族じゃないですか。北朝鮮の人々と会える機会ができてうれしい」と答えた。宿泊所の家業を手伝っていた30代の男性会社員は、「北朝鮮への批判は政治家が利用しているだけ」とうんざりした様子だった。

「金正恩は嫌いだけど、北朝鮮の住民に悪い感情は持っていない」と話す韓国人が実に多い。同じ北朝鮮でも指導部と一般住民を区別しており、北朝鮮全体を脅威の対象とみなしがちな日本人とのズレがある。北朝鮮の平壌で市民や外交官と話をしたときも、南北関係が極度に悪化しているさなかでも韓国への非難を聞くことはほとんどなかった。

朝鮮半島の人々が抱く民族分断の特別な感情を日本人は実感しにくい。それが対北朝鮮政策で日韓がすれ違う一因になっている。

被爆地に残る分断の悲哀

民族分断の悲哀は日本の被爆地にも残る。

広島市の平和記念公園内に韓国人原爆犠牲者慰霊碑がひっそりと立っている。亀の台座に背負われた印象的なデザインが特徴だ。1945年8月6日に広島、同9日に長崎に相次ぎ投下された原爆によって朝鮮半島出身者も数万人規模で被爆したといわれる。平和記念公園に近い爆心地周辺には当時、日本の植民地統治下で朝鮮半島から渡ってきた人もたくさん住んでいた。

ただ、慰霊碑には北朝鮮側の犠牲者が1人もまつられていない。第二次世界大戦後、朝鮮半島が韓国と北朝鮮に分割される中で、日本での慰霊碑建設をめぐり双方の話し合いがつかなかったためだ。

文在寅の両親は北朝鮮北東部の出身者だ。朝鮮戦争初期に戦火を逃れて韓国に渡った。韓国では「失郷民」と呼ばれる。南北融和路線に文在寅のＤＮＡを感じる。

２０１８年８月26日付日本経済新聞朝刊に、「忍び寄る日韓２０１９年問題」と題するコラムを書いた。翌19年にいくつもの火種が眠っていると指摘し、「日韓リーダー２人の外交力が『２０１９年問題』への危機管理になる」と結んだ。その２カ月後の18年10月から19年にかけて、日韓関係は徴用工判決や慰安婦財団の解散、韓国軍艦による海上自衛隊機へのレーダー照射などの外交紛争に次々と見舞われ、日韓関係は長期低迷期に再び突入した。

韓国人原爆犠牲者慰霊碑（広島平和記念公園）＝筆者撮影

出足は順調だった

安倍晋三首相と韓国の文在寅大統領の最初の出会いは悪くなかった。文政権発足から２カ月後の２０１７年７月７日、ドイツ・ハンブルク。20カ国・地域（Ｇ20）首脳会議に合わせた、七夕の日韓首脳会談で、文在寅は「頻繁に会って深い話をたくさんしたい」と呼びかけた。安倍も第一声に「カムサハムニダ（ありがとうございます）」と韓国語を使って会場の笑いを誘い、「ことあるごとに会談しましょう」と応じた。

文在寅は慰安婦問題に関する2015年の日韓合意については、「国民の大多数が情緒的に受け入れられない」とあらためて韓国国内の厳しい雰囲気を伝えた。そのうえで、「この問題が韓日両国のほかの関係発展の障害になってはならない」と、未来志向の関係構築も訴えた。慰安婦合意の再交渉は要求しなかった。

この前夜には米大統領、トランプを交えた日米韓3首脳の夕食会で、安倍と文在寅がともに相手の腕に手を添えて、満面の笑みで握手する写真が韓国メディアに載った。日本政府内に「歴史問題を切り離す文在寅は、前大統領の朴槿恵より話がしやすい」（首相周辺）との声が上がった。文在寅も側近に「安倍とは率直に話ができる」と伝えた。

1954年生まれの安倍と、53年生まれの文在寅は同世代だ。半面、育った環境は正反対といえる。元首相の祖父と元外相の父を持つ政界の名門で生まれた安倍。文在寅は朝鮮戦争初期に北朝鮮から韓国に逃れた両親のもとで、経済的に恵まれない幼少期を過ごした。政界入りの経緯も異なる。安倍は大学卒業後、サラリーマンを経て父の秘書になった。文在寅は反軍事独裁の学生運動に明け暮れ、卒業後は労働者や学生らを支援する人権派弁護士の道を選んだ筋金入りの運動家だ。

「小泉・盧」時代の失敗

筆者は最初にソウルに駐在していた２００６年９月３日付の日本経済新聞朝刊に、「『似て非なる』日韓首脳の誤算」と題するコラムを書いた。当時の小泉純一郎首相と盧武鉉大統領が率いていた日韓関係は、小泉の靖国神社参拝や日韓がともに領有権を主張する島根県・竹島（韓国名・独島）問題などをめぐり、冷え切っていた。韓国赴任前に政治記者として小泉政権を間近で取材した自らの体験を踏まえ、日韓の首脳外交の重みと難しさを紹介する内容だった。

当時、盧武鉉は、日本政界で常識と慣習にとらわれない一匹おおかみの「変人・小泉」に自分と同じにおいを嗅ぎ取った。日韓両国にまたがる歴史懸案や北朝鮮問題にともに取り組むパートナーになれると大きな期待をかけた。ところが、リアリストでもある小泉に、「観念」や「情」を大事にする盧武鉉流の政治は通じない。直情型の盧武鉉は小泉に裏切られたと感じて強硬路線に転じた。「外交戦争も辞さない」との発言まで突き進み、日韓関係は一気に坂道を転げ落ちていった。

その過程を、小泉と盧武鉉の補佐役として、首相官邸と青瓦台でつぶさにみていた当時の官房長官と秘書室長が安倍と文在寅だ。3代にわたる保守政治家と、貧しい家庭に育った元人権派弁護士という組み合わせは奇しくも「小泉・盧」時代と同じ。文在寅の経歴は一見、反日に振れやすそうにみえる。だが、2017年5月の政権発足から1カ月がたったとき文在寅の外交は、盧武鉉とはひと味違うように周囲に感じさせた。

信頼構築をめざした文

同じ革新大統領でも盧武鉉と対照的に、日韓関係を「史上最良」に導いたのが前任の金大中だった。文在寅は金大中をモデルにしたのか、内閣を束ねる首相に知日派の李洛淵を起用した。李洛淵は韓国大手紙・東亜日報の東京特派員を経験した後に金大中に政界に誘われた経緯がある。文在寅政権発足を受け、大統領特使として日本に派遣された文喜相《ムン・ヒサン》も金大中系の与党の重鎮だ。さらに、金大中の三男、金弘傑は17年の大統領選で、文在寅陣営の幹部に名を連ねている。

大統領就任翌日に安倍と電話した文在寅は、首脳同士で相手国を往来する「シャトル外交」の再開を切りだした。韓国側の関係者によると、当初は初の首脳会談の場で提案するシナリオだった。安倍との一刻も早い信頼構築をめざす文在寅のアドリブだった。

同年5月末に、北朝鮮が弾道ミサイルを発射した際も2人はすぐに電話で話し合った。文在寅は就任直後に安倍に、「信頼関係を構築するためリーダーとして一緒に努力しよう」と約束した自らの発言を実行に移したのだった。

筆者が最初のソウル駐在から東京に戻ったのが２００７年。当時の第1次安倍政権は参院選の惨敗などを経て失意のまま幕を引く。首相官邸クラブのキャップとして安倍の退任会見を記者会見場の最前列で取材した。やつれた安倍の姿は心身ともに疲れ切っているようで痛々しかった。その5年後、安倍は首相への再チャレンジに成功すると、経済再生を最優先課題に掲げて金融、財政、成長戦略のアベノミクス「3本の矢」を放つ。戦後70年談話や慰安婦合意といった、自身の支持基盤である保守層に評判が良くない政策も手がけた。過去の失敗を先に生かしたのが安倍だった。

文在寅は就任当初、「停滞した韓日関係を挽回したい」と語っていた。保守政治家の安倍と、革新政治家の文在寅の理念は本来、相いれない部分が多い。ただ、2人とも挫折を味わった熟練の政治家でもある。慰安婦問題の日韓政府間合意は、保守政治家を代表する安倍だからこそ保守層をまとめられたとの見方もできる。同様に、革新系の文在寅が日韓関係の大局に立てば、市民団体などの反日勢力を説得し得る立場にある。2人がうまくかみ合えば、必ずしも悪いコンビネーションではないのではないか――。そんな思いを込めて文政権発足直後、日本経済新聞に「『安倍・文』関係に期待する」とのコラムを書いた。

文在寅のようなタイプの政治家は日本ではあまり見当たらない。「文在寅大統領の言動を読み解くカギは『弁護士出身』と『原則主義者』だ」。青瓦台高官からこんな話を聞いた。白か黒かをはっきりさせたがる、妥協や曖昧さは嫌うという意味だろう。文在寅も自らの性格を「潔癖」と分析している。

過去にこだわり、進歩（革新）系政治家の顔で日本に拳を振り上げたかと思うと、すぐに国家元首の顔に戻って「未来志向」の関係構築を説く。相反するようでも、文在寅にすればそれぞれ「原理原則」となる。この思考方式が対日政策で、歴史問題とその他の協力分野を切り分ける「ツートラック（2路線）」のバックボーンになっているが、2路線はしばしば混線し、衝突してしまう。

徴用工問題を契機に関係悪化

安倍・文在寅関係の転換点になったのは、やはり徴用工問題だったのではないか。文政権発足3カ月後の17年8月の記者会見で、文在寅は表立った対日批判は避けつつも、「両国間の合意は個人の権利を侵害できない。徴用された個人が、三菱（重工業）をはじめ相手会社に持っている民事上の権利はそのまま残っているとするのが大法院の判例だ。政府はこの立場で過去の歴史問題に臨んでいる」と言い切った。労働問題を専門とする人権派弁護士の顔になっていた。

植民地時代に日本に動員された元徴用工個人の日本企業への請求権を、政府が認める発言で、日韓請求権協定で解決済みとする日本側の反発を招いた。この頃、北朝鮮は弾道ミサイルの発射や核実験を繰り返し、朝鮮半島の緊張が高まっていた。

翌9月にロシア・ウラジオストクで開いた安倍と文在寅の会談では、日韓関係の改善のため、歴史の懸案を「安定的に管理」していくことで合意。これに先立ち、北朝鮮問題での連携を確認した8月の電話協議でも、「日韓間の懸案を適切に管理する」と申し合わせた。ところが、その後も文政権は約束に逆行するような言動を繰り返していく。

11月、文在寅は、訪韓した米大統領、トランプの歓迎夕食会に、日韓が領有権を争う島根県・竹島の韓国側呼称「独島」の名前のついたエビ料理を提供した。文在寅にとっては国内へのパフォーマンスでも、日韓両首脳が「安定的な管理」を約束したウラジオストクの合意が破られたと、日本側は深刻に受けとめた。この後、ベトナムとフィリピンで相次ぎ開いた国際会議の期間中に、安倍と文在寅が２人で膝を交えることはなかった。

１９９８年に当時の首相、小渕恵三と大統領、金大中が発表した日韓共同宣言から20年の節目を翌年に控えていた。文在寅は２０１７年末に訪日した外相、康京和を通じて安倍に「意義深い年に両国が新しい未来をともに開くことを期待する」とのメッセージを送った。しかし、翌18年、数々の外交紛争に見舞われた日韓の政府間関係は、「国交正常化以降、最悪」といわれるまでに悪化した。歴史懸案を「安定的に管理していこう」というウラジオストクでの首脳合意は空証文になった。日韓外交筋は「２人は会えば会うほど相手に不信感を

図表9 9月平壌共同宣言のポイント

- 朝鮮半島を核兵器と核の脅威のない平和の地としていく
- 北朝鮮は東倉里のエンジン実験場とミサイル発射台を廃棄
- 米国が相応の措置をとれば北朝鮮は寧辺核施設を廃棄
- 金正恩委員長が近いうちにソウルを訪問
- 条件が整えば、開城工業団地や金剛山観光事業を再開
- 南北の鉄道と道路をつなげる着工式を年内に実施
- 2020年東京五輪に共同参加。32年夏季五輪の共催誘致へ協力

（出所）日本経済新聞社

強めている」とまで語る。

行きすぎた軍事分野合意書

2018年秋、韓国と北朝鮮は北緯38度線の軍事境界線付近の緊張緩和策へ一気に動きだした。

同年9月19日、韓国の文在寅大統領と北朝鮮の金正恩委員長は平壌の百花園迎賓館で会談し、「9月平壌共同宣言」を発表した。文在寅は共同記者会見で「朝鮮半島の全域で戦争を起こさせるあらゆる脅威をなくすことで南北は合意した」と述べた。

9月平壌共同宣言には、韓国と北朝鮮が「朝鮮半島を核兵器と核の脅威のない平和の地としていく」とある。「核の脅威」は、朝鮮半島周辺に展開する米軍の戦略爆撃機や原子力空母、潜水艦など、核搭載可能な最新鋭兵器が含まれると北

朝鮮側は解釈している。

米軍が問題視しているのは、両首脳による共同宣言と併せて韓国の宋永武《ソン・ヨンム》国防相と北朝鮮の努光鉄《ノ・グァンチョル》人民武力相が署名した「板門店宣言の履行に向けた軍事分野合意書」だ。

陸海空の南北融和策がふんだんに盛り込まれた、軍事専門家も驚かせる内容。この3カ月前にシンガポールで開いた初の米朝首脳会談で、「朝鮮半島の完全非核化」で合意したのを受け、韓国が「見切り発車」したのが実態だ。米国と十分に擦り合わせた形跡がない。米軍は韓国国防相がサインするのを止めなかったことを、いつか後悔するかもしれない。

南北軍事分野合意書は「南と北は地上と海上、空中を含むすべての空間で一切の敵対行為を全面中止する」と宣言し、合意から2カ月もたたない「18年11月1日」から次のような緊張緩和策を講じると決めた。

主な内容は次の通りだ。軍事境界線付近での軍事訓練・演習を南北双方で禁止するとし、対象については、①境界線を中心に南北計約10キロで相手を狙った砲兵射撃訓練と連隊級以上の野外機動演習、②黄海と日本海に定められた海域での砲射撃、海上機動訓練。海岸砲と艦砲の砲口も覆い、砲門を閉鎖――と明記。軍事境界線上空の飛行禁止区域の設定も盛り込んだ。

「双方はいかなる手段によっても相手の管轄区域に侵入・攻撃・占領しない」と定め、偶発的衝突が生じないよう「南北軍事共同委員会」で緊密に協議することも決めた。定例的な米韓合同軍事演習や、有事の米韓両軍の行動も大きく制約する内容になっている。

「米政権は韓国政府を信用していない」

施行日と米国中間選挙の時期が「18年11月」で重なったのは偶然ではない。選挙が終われば、北朝鮮に完全非核化を求めるトランプの行動は予測できない――。そんな不安が南北両首脳の背中を押した。

2つの南北合意に沿って軍事最前線である軍事境界線付近の訓練・演習を中止すれば、韓国軍の即応態勢が無力化される。在韓米軍の手足を縛ることにもなり、米韓同盟の抑止力は低下する恐れがある。それは米韓同盟の波乱要因となる。韓国の北朝鮮専門家は「2つの南北合意は相互不可侵条約に近い。米国は完全に外堀を埋められてしまった」と危惧する。

韓国を利用して、米軍から攻撃される可能性を封じ込めようとする北朝鮮の狙いは明らかだ。朝鮮半島の新秩序づくりを主導したい文在寅政権はそれを承知であえて応じた。

文在寅の対北朝鮮政策の原点は太陽政策だ。冷戦構造の枠組みで敵対姿勢をとるから北朝鮮は核開発をやめない。韓国が融和に乗りだすことで北朝鮮も変化するという理屈だ。19年1月に刊行した「韓国国防白書」では、北朝鮮を「敵」と位置づけていた表記が削除された。国際社会の先頭に立って北朝鮮への制裁強化を訴えてきた日韓両国の間で対応が割れた。

「韓国政府を米政権は信用していない」。日米韓外交筋はこう語る。韓国が大規模な緊張緩和措置を列挙した南北軍事分野合意書を米国に十分に説明しなかったことで同盟に不協和音が生じた。ポンペオ米国務長官はとりわけ、南北軍事境界線の上空を飛行禁止区域に設定した合意に不快感を示し、韓国側に不満を伝えた。

文在寅は、「北朝鮮は早い時期に非核化を終えて、経済発展に集中したがっている」と北朝鮮を擁護し、米国に制裁緩和を迫る言動を重ねてきた。そんな前のめりの姿が米国には危なっかしく映る。実際、北朝鮮は「完全非核化」を約束した18年6月の初の米朝首脳会談後も実質的な非核化措置には動かなかった。

米朝再会談から1カ月後の19年3月27日の米下院軍事委員会の公聴会で、在韓米軍のエイブラムス司令官は、「私たちが観察する限り、彼らの行動は非核化（の約束）と一致していない」と証言した。シュライバー国防次官補も「非核化の動きはみられない」と語った。

北朝鮮の「脅威」は核だけではない、生物・化学兵器、サイバー攻撃や特殊部隊も存在する。国連安全保障理事会の北朝鮮制裁委員会の専門家パネルは、17年から18年にかけ北朝鮮は仮想通貨交換業者へのサイバー攻撃で推計5億ドル超を不正に獲得したと指摘した。

16年夏に韓国に亡命した北朝鮮の元駐英公使、太永浩《テ・ヨンホ》は17年3月8日、ソウルで日本経済新聞など日本メディアに、「北朝鮮は韓国との休戦ライン（軍事境界線）一帯に1000余りの長距離砲を配置し、戦争になれば（ソウルなど）韓国の人口密集地域に生物・化学弾で攻撃できる」と語った。

ポンペオの「歯止め」

「トランプ―金正恩―文在寅」の3人が同時期に米国、北朝鮮、韓国のそれぞれ最高権力者に就く〝惑星直列〟になっていなければ、2度の米朝首脳会談も南北軍事分野合意書もな

朝鮮戦争以来の米韓同盟にきしみが生じている（仁川の公園内に立てられているダグラス・マッカーサーの銅像）

かっただろう。

トランプを除けば、米政権内には北朝鮮の非核化姿勢に不信感が強い。「ワシントンは文政権が北朝鮮に極端に向かいすぎていると感じている」（米シンクタンク関係者）。国務長官のポンペオは、「非核化と南北協力は一緒に進んでいくものだ」と韓国にクギを刺し、北朝鮮への傾斜を深める文政権にいくつかの「歯止め」を設けた。

その1つが、米韓が設置した北朝鮮の非核化と南北協力に関する作業部会。韓国が北朝鮮との協力を進める際には、米国と事前に、緊密に擦り合わせることで文政権の独走に待ったをかけられる仕組みだ。いくら韓国が南北経済協力を動かしたくても、北朝鮮で非核化が進んでいなければ米国の答えは「ノー」となる。南北協力事業の開城工業団地に進出を希望する韓国企業がどんなに韓国政府に訪朝を申請しても許可されなかったのは、「米国が認めないため」（日米韓関係筋）だ。

同盟最大の変数はトランプ

米韓同盟の最大の変数はトランプ自身だ。在韓米軍を維持するコストを問題視するなど、同盟を安全保障の観点より損得やビジネス感覚でとらえる初の米大統領だ。

米韓両政府は２０１９年３月、毎年春に実施している２つの大規模な合同軍事演習の打ち切りを決めたと発表した。実際に戦力を動かす野外機動訓練「フォール・イーグル」と、シミュレーション中心の指揮所演習「キー・リゾルブ」だ。今後、規模を縮小した訓練に衣替えする。例年８月に実施している米韓合同の指揮所演習「乙支《ウルチ》フリーダムガーディアン」についても、米政権は廃止する意向を示した。

米韓合同演習に北朝鮮は例年、強く反発していた。演習を衣替えする理由をトランプは「（軍事演習に費やす）巨額のお金を節約するためだ」とツイッターで説明した。

「日米韓」変質とその先

米韓、日韓関係の悪化は、「日米韓」関係の変質も招いている。

文在寅政権の外交・安全保障政策の方向性を決める青瓦台や外務省、国防省の高官には、日本通だけでなく米国通も歴代政権に比べて少ない。

文政権は北朝鮮を刺激するとみて、日米韓の3カ国会合には消極的だ。国際会議の場で集まるのも極力、避けようとする。実際、文政権発足後、「日米韓」の高官会合や共同訓練が大きく減った。最近は安倍晋三首相も日米連携の強化を唱える一方で、「日米韓」の枠組みにあまり言及しないようになった。

半島国家の韓国は地政学的に、海洋国家（日米豪）と大陸国家（中ロなど）が出合う場所にある。北朝鮮がビンの蓋のようになり、これまでは事実上、島のように隔離された状態だった。南北融和によって蓋が外れれば、その先の広い大陸に出ることできる。それは、韓国にとって安全保障だけでなく、経済成長にもつながる――。文在寅はこう考える。

「日米韓」の弱体化が進み、将来的に在韓米軍の縮小や撤退が現実化すれば、そのあおりをもろに受けるのが、ほかならぬ日本だ。

戦後、半世紀以上続いてきた朝鮮半島の「分断」は実質的に日本に受益が大きく、韓国には負担となっていた。韓国の専門家は「戦争の危機を高めてきた朝鮮半島休戦体制を終息させようとする韓国と、朝鮮半島休戦体制を前提にして成立した北東アジアの戦略的均衡を維持しようとする日本が、相互に不信感を増幅させたのが、2018年の日韓関係に危機をもたらした構造的原因だ」との見方を示した。

将来、誕生する朝鮮半島国家が「親中」になる可能性も否定できない。そうなれば、日本は米軍の対中戦略の最前線基地になり、安全保障上のリスクは高まる。同盟にコストの観点を持ち込んだトランプは、在日米軍の駐留経費についても日本に負担増を求めている。日韓間の衝突が深まれば、「日米韓」は一段と弱体化するほかない。

終戦宣言をめぐる戦い

朝鮮半島の風景が一変するかもしれない。Xデーは「朝鮮戦争が終わる日」だ。朝鮮戦争は1950年に北朝鮮軍の南進から始まり、3年間にわたり数百万単位の犠牲者とおよそ1000万人の南北離散家族を生んだ。戦争は53年に休戦協定を結んだだけで、法的にはまだ戦争状態が続いている。

日本は朝鮮半島の激変の影響をまともに受ける。韓国と北朝鮮の人々が半世紀以上も待ち焦がれている日は、実は日本にとって苦悩の始まりになる可能性がある。

終戦宣言は、休戦協定を結んだ米国（国連軍）、中国、北朝鮮の三者に韓国を加えた四者または中国を除いた三者で発表する2案がある。

北朝鮮は終戦宣言の早期実現をめざし、米国に猛烈な攻勢をかけてきた。

2018年6月の初の米朝首脳会談後の1カ月後に開いた高官協議で、北朝鮮は米国に次のような「取引」を提案した。①北朝鮮の非核化措置の一環として、大陸間弾道ミサイル（ICBM）の生産中断を実証するため、ミサイルエンジン燃焼実験場を閉鎖する、②朝鮮戦争で捕虜や行方不明になった米兵の遺骨返還をめぐる実務協議を始める、③米朝は多方面の交流を実現し、朝鮮戦争休戦協定65年に合わせて戦争終結を宣言する――。

米本土を射程に収めるICBMは北朝鮮が開発に総力をつぎ込んだ対米交渉の切り札。17年11月29日の試験発射で完成に近づいたとされ、米国の最大の脅威になった。

北朝鮮委員長、金正恩は側近を通じて米大統領、トランプにメッセージを送った。「私と大統領閣下の例外的な手法は明らかに結実するだろう」と。「例外的な手法」とは、実務協議を飛び越して首脳同士の交渉で結論を導く手法だ。金正恩はそのわずか8カ月前まで「無知で粗暴」「やたらにかみつく老いぼれ」とこき下ろした相手に、「大統領閣下」との最上級の敬称をつけてトップダウンによる決着を呼びかけた。

そこまでして手に入れようとした朝鮮戦争の終結宣言は、もともとは在韓米軍を警戒する中国の習近平政権がこだわってきた。

対米不信が根強い北朝鮮も、米国とはこれまでのように口約束では意味がないとみている。大統領が交代すれば簡単に破られてしまう恐れがあるからだ。これまで何度も煮え湯を飲まされてきたとの思いが北朝鮮には強い。

北朝鮮の最高人民会議常任委員会は18年9月9日の建国70年に合わせて、同年8月1日から有罪判決を受けた者への大赦を実施すると発表した。人権を重視する米国へのアピールだと受けとめられた。

北朝鮮の対米交渉の最終目的は、体制保証を裏付ける朝鮮戦争の平和協定締結と米朝国交正常化であり、終戦宣言をその一里塚ととらえている。超大国との間で、朝鮮半島の平和体制を最高指導者自らの手でなし遂げたと北朝鮮内で宣伝し、「核戦力の完成」に続く金正恩の業績にするシナリオが浮かぶ。

文在寅政権も北朝鮮を強力に後押しした。18年9月の南北首脳会談で交わした2つの合意文書を「実質的な終戦宣言」と位置づけ始めた。南北は宣言を済ませたと解釈することで、米朝に早期の終戦宣言を促し、朝鮮半島の平和体制づくりの環境整備につなげる狙いがある。

盧武鉉の遺志

文在寅が終戦宣言と南北経済協力にこだわるのは、非業の死を遂げた盟友の元大統領、盧武鉉の遺志を受け継ぐ作業でもあるからだ。

07年10月、悲願の南北首脳会談にこぎ着けた盧武鉉は、北朝鮮の総書記、金正日と首脳宣言を発表。北朝鮮の経済特区や工業団地の建設など南北間の経済協力のメニューを盛り込んだ。韓国は北朝鮮への投資拡大に向け、インフラ整備を支援。北朝鮮にある地下資源の共同開発もうたった。

その際、朝鮮戦争の終戦宣言のために南北が協力するとし、米国と中国を含む形での首脳会合の開催も提唱した。もっとも通算2回目の南北首脳会談も結局、北朝鮮の核・ミサイル

ソウル市庁の旧庁舎に掲げられた巨大ポスターには「ソウルと平壌が手を結ぼう」と書いてある＝筆者撮影

開発を食い止められなかった。盧武鉉は翌08年2月に大統領の任期切れを控えて求心力が低下し、合意を実行する推進力は残っていなかった。

当時、首脳会談の準備を取りしきったのが大統領秘書室長だった文在寅だ。文が大統領就任後、早期に北朝鮮との首脳会談を開催し、成果づくりを急いだのは、このときの教訓がある。

朝鮮戦争が終わる日に起こること

朝鮮戦争を正式に終わらせるのが平和協定だ。とはいえ、終戦宣言だけでも影響力は計り知れない。

シミュレーションしてみたい。まず、終戦が宣言されれば、たとえ非核化が進んでいなくても韓国政府は平和体制への重要な成果として歓迎する。南北共同事業の開城工業団地や金剛山観光事業の再開に向け、独自制裁の緩和に乗りだすだろう。国連安全保障理事会では中ロ主導の対北朝鮮制裁緩和論が勢いづく。なし崩し的に制裁が緩み、北朝鮮への経済支援が進んでいく展開が予想される。

朝鮮戦争の終結宣言と平和協定の締結による朝鮮半島の平和体制づくりは、最後に残された冷戦構造の終焉を意味する。

朝鮮半島の安全保障体制をおさらいすると、朝鮮戦争勃発時に韓国で米軍主体の朝鮮国連軍（18カ国で構成）が編成された際、日本政府は米国などの11カ国と協定を結んでいる。その協定は、朝鮮半島で戦争が起きれば、朝鮮国連軍は弾薬、食糧、医療物資の調達や兵站支援のため、キャンプ座間、横須賀基地、佐世保基地など日本国内の在日米軍7カ所の施設・区域を使用できるとの内容だ。

朝鮮戦争の終結宣言と平和協定の締結によって、朝鮮国連軍は存在意義を失い、撤退することになる。米軍横田基地に置かれた朝鮮国連軍の後方司令部も朝鮮国連軍撤退後、90日以内に撤退すると定められており、北東アジアの安全保障地図は塗り替えられる。

北朝鮮は終戦宣言を働きかける一方で、米国や韓国との合意文書にも米軍の脅威を減退させる様々な仕掛けを潜り込ませた。その1つが、２０１８年4月の南北首脳会談の「板門店宣言」だ。

「完全な非核化を通じた核のない朝鮮半島の実現」という南北の共通目標をめぐり、北朝鮮は朝鮮半島を「非核兵器地帯化」するとしている。あらためて説明すると、北朝鮮は禁止する「核」の対象として、朝鮮半島への核の配備・使用のほか、核兵器の搭載可能な戦略兵器、例えば米軍の戦略爆撃機や原子力空母、同潜水艦なども想定している。朝鮮半島周辺での米軍による核の威嚇や圧力も認めない。北朝鮮が恐れる韓国への「核の傘」や米韓軍事演習に将来にわたって縛りをかける仕組みだ。

在韓米軍はどこへ？

終戦宣言がさらに重要な意味を持つのは、宣言後に韓国内で革新層から「なぜ米軍が韓国に駐留しているのか」という声が起きかねないためだ。文在寅の外交ブレーンである文正仁《ムン・ジョンイン》大統領統一外交安保特別補佐官は米外交誌に、「平和協定が締結されれば、在韓米軍の駐留を正当化するのは難しい」と述べた。

米韓両政府では、約2万8000人もの在韓米軍を維持するのが必要かどうかの議論がなされる公算が大きい。在韓米軍を嫌う北朝鮮と中国に加えて、今後、韓国政府まで縮小論を唱えるようになれば、米軍の東アジアの「防衛ライン」が朝鮮半島から日本の対馬海峡まで下がるシナリオも否定できない。

トランプは元来、「将来的に在韓米軍を撤退するのが望ましい」と公言している。その日が来れば東アジア地域での米国の核戦力は見直しを迫られる。日本が堅持してきた、「核兵器を持たず、つくらず、持ちこませず」の非核三原則にも圧力がかかる可能性がある。

2018年9月の南北共同宣言で合意した金正恩のソウル訪問が実現すると、朝鮮半島の「平和ムード」は一気に高まる。こうした南北両首脳に共通する思惑は、19年2月末、ハノイで開いた2回目の米朝首脳会談の事実上の決裂でひとまず実現が遠のいた。

文在寅は18年9月の国連総会で、「朝鮮戦争の終結は非常に切実だ。非核化のための果敢な措置が関係国の間で実行され、終戦宣言につながることを期待する」と述べた。トランプに対しても金正恩が早期非核化の意思を示したとし、終戦宣言によって非核化と平和国家への道を後押しするよう要請した。金正恩を擁護する姿勢はこれからも変わらないだろう。非核化措置を先行すべきだと主張する日本との溝は深い。

トランプも終戦宣言自体を否定していない。むしろ成果の1つになるとして前向きといわれる。2回目の米朝首脳会談は最終的に合意を見送りつつも、用意されていた合意文書には終戦宣言が盛り込まれていたようだ。

在韓米軍は、中国や北朝鮮の脅威から日本を守る防波堤の役割も果たしてきた。大量の核と弾道ミサイル、生物・化学兵器を抱えたまま朝鮮半島で終戦を宣言する代償は大きい。日本には、「朝鮮戦争が終わる日」を手放しで喜べない事情がある。政府はXデーに向けた備えがどこまでできているだろうか。

【コラム】韓国人って日本嫌い？

日韓の間で、韓国人元徴用工をめぐる訴訟や韓国軍艦による自衛隊機へのレーダー照射など懸案が絶えません。韓国内で反日感情が高まっているのでしょうか。

回答者　峯岸博編集委員　韓国人の対日観は複雑です。2018年3月末までの3年間を含めて、計6年以上にわたる私の韓国生活は「発見」の連続でした。

多くの韓国人は、日本に対して心に〝スイッチ〟を持っていると感じました。普段は「オフ」です。自分の好きな日本のアニメや小説に夢中になり、街のあちこちにある日本風の居酒屋は客でいっぱいです。元徴用工問題でも、ソウル中心部の駅前広場に置かれた労働者像に足を止める通行人を見かけたことはありませんでした。

韓国人が選ぶ「最も魅力的な国民」は、ドイツに次ぐ2位が日本との調査結果もあります。訪日韓国人数は増加の一途で、18年には年間750万人を超えました。5000万人強の人口を考えると、その人気ぶりがわかります。

日本を訪れる人ほど対日感情が良くなる傾向にあります。韓国人の抱く一般的な日本のイメージは、「きれい」「礼儀正しい」

「親切」など。日本での体験談を友人と自慢し合うのだと大学生から聞きました。それがソウルの日常風景です。

２度の韓国駐在中、日本人だからといって嫌がらせを受けた経験は、家族も含めてありませんでした。歴史や安全保障での文在寅政権と左派系市民団体の激しい姿勢が、韓国＝反日のイメージを増幅させているのかもしれません。

ただし、かつての日本統治時代を想起させる話題になると、韓国人のスイッチは途端に「オン」に切り替わるようです。日本好きの若者とはいえ、肉親に戦争体験者を持つ身などには日本との歴史はなお、「現在進行形」です。

ちなみに、韓国で「親日派」は日本の植民地支配に協力した人物の蔑称として使われます。「日本政府や政治指導者は嫌いだけど、日本文化や日本人は好き」という人が多いのです。この割り切り方が日本人には理解しにくいかもしれません。

最近は日本でも、女性や学生を中心に韓流ドラマからK-POPやファッション、コスメなど韓国への関心が広がっています。国と国の関係を維持するには、重層的な関係を築くのも大事なことでしょう。

結論　一般の韓国人は反日感情を心に抱きつつも、普段はあまり表に出しません。歴史に絡む話題と自分が興味を持つ日本文化や日本人を区別して考えます。

（2019年1月21日付日経電子版「スグ効くニュース解説」）

第　4　章

成熟した関係に
日韓のめざす道

カギ握る「複眼」の20代

韓国人は日本（人）が嫌いか。韓国人は「反日」か。筆者の2回、計6年半に及ぶ韓国駐在経験から導いた答えは、「イエス」であり、「ノー」でもある。多くの韓国人に二面性を感じるからだ。

韓国人の対日観は世代ごとにも違いを見つけることができる。大ざっぱに言えば、韓国の40～50代前後は日本のイメージを経験より「教科書」で学んできたため、画一的になりやすいといわれる。これに対し、日本統治時代を実際に経験した高齢世代や、日本旅行を手軽に楽しむ若年世代は、日本との歴史問題に厳しく臨む一方で、現在の日本や日本人には好感や親しみを抱いている人が比較的多いと感じる。とりわけ20代を中心とする若者に「2つの顔」を強く感じる。

1919年に朝鮮半島で起きた、日本統治下で最大の抗日独立運動「三・一運動」。その100年の節目の日をソウルで過ごした。式典が開かれた市内中心部の会場付近で大学生を中心に、「日本との歴史問題をどう思うか」「どうすれば日韓関係は良くなるか」を聞いてみた。韓国市民の対日観や率直な声に触れる良い機会になった。以下に紹介する。

●21歳の男子大学生

「日本は戦犯国家なのに反省する姿をみせていないのは残念だ。ドイツという良い例があるのに、ドイツに倣わないのは惜しい。日本は自ら誤解を解かなければならない。慰安婦のおばあさんたちに、日本が先に手を差しのべれば、私たちも受け入れる準備がある」

●18歳の男子大学生

「私は日本の製品をたくさん使っているし、日本の漫画もたくさんみる。ただ、韓国を侵略した行為は良くない。日本は真剣に謝罪しなければならない。良くない過去があっても、韓国と日本は経済や文化の交流をたくさんしなければならない。交流をしているうちに、いつかもっと仲良くなれるんじゃないかな」

●18歳の女子大学生

「私はもともと日本に対して悪いイメージを持っていたが、日本を旅行して印象が変わった。日本が歴史問題で歪曲した主張をするなら、強硬に対応しなければならないと思う」

●21歳の女子大学生

「日本に良い印象はありません。すべて日本が謝らなければいけないでしょ」

●15歳の男子中学生

「独島（竹島）を自分のものだと言う日本が悪いと思う。でも韓日関係は良くなってほしい。日本が反省し、一緒に協力していければいいな」

最後は20代の男性。考えさせられる点が多く、長めに紹介したい。

●27歳の男性会社員

「過去を思えば日本との間で正さなければならない問題は多いが、日本は北東アジアの大国なので経済的にも友好的な関係を築かなければならない。現在の文在寅政権はその部分が不足している。日本を敵視しようとするだけだ。いまは韓米同盟より日米同盟が堅固だ。日本とは協力しなければならない。謝罪を受けてから友好的な関係をつくるのか、友好的な関係を維持しながら謝罪を得るべきかという順序の問題なのに、私たちはいま日本を追い出そうとしている。私は友好的な関係を持ちながら謝罪を取り付けなければならないと思っている。いまは、私たちが謝罪と協力のバランスをとって友好的な協力に乗りださなければならない時だ」

対日観も複眼に

10～20代の声は様々だが、ほとんどが歴史問題への取り組みが不十分だと日本政府を批判し、謝罪を求めた。韓国の学校では依然、日本統治時代を中心に「反日」教育がなされている。ただコメントはそれでは終わらなかった。日本との友好関係を望んでいる点もほぼ共通した。この世代は、幼い頃から日本の漫画やアニメ、小説、和食といった日本文化に慣れ親しんでいる。国別ランキングにおいて訪日旅行者数や日本での消費額で韓国は中国に次いで2位だ。格安航空券の普及などによって日本旅行の裾野が学生にまで広がっている。

筆者は2018年に韓国で開催した平昌冬季五輪を現地で取材し、たくさんの韓国の若者の素顔を目にした。多くの「外国人選手」でとりわけ人気が高かったのがカーリング女子日本代表の藤沢五月選手。「ルックスや話し方が愛らしい」とネット上で大騒ぎされていた。

スピードスケート女子500メートルで金メダルを獲得した小平奈緒選手が銀メダルの李《イ》相花《サンファ》選手をレース後に抱きしめて、互いに健闘をたたえ合う姿をどの韓国メディアも好意的に取り上げ、2人に拍手を送っていた。超競争・学歴社会の中で育った韓国の若者は、対日

ソウルの繁華街を歩く韓国の学生ら

観も複眼の視点をもっていると実感できた。

「人権意識が強い」のも20代の若者の特徴だ。世宗研究所の陳昌洙《チン・チャンス》日本研究センター長は、「韓国の若者には、徴用工問題でも個人の請求権はあると考え、協定とは関係なく徹底的に日本と話し合わなければならないという雰囲気が上の世代よりも強くある。慰安婦問題も人権問題として、若者や女性が特に厳しい」と話す。

2018年3月までのソウル駐在時に、南大門市場で韓国の若い世代に聞いたときにも「政府同士が合意しても当事者間で解決すべき民事の問題は残る」「被害者の声を反映していない」などの意見が多かった。

生まれた頃からすでに自国がアジアの経済大

国になっていた韓国の20代は、日本を最初から対等のパートナーや競争相手とみており、年配者が引きずっているような劣等感はない。同胞である北朝鮮に対しても理屈に合わないと思えば手厳しい。ある世論調査結果によると、核を抱えたままの対北支援に反対する比率が、20代は朝鮮戦争を経験した60代以上に次いで高い。

北朝鮮に同胞意識を持ちつつも、「外国」に近い感覚を持っている。自分自身が厳しい生活環境を強いられている中で、無条件の対北支援や、自身の生活水準を低下させるような南北統一への熱意が上の世代に比べて薄い。

「国家」よりも「個人」

「国家」よりも「個人」を優先する傾向も20代の特徴だ。元徴用工や元慰安婦の人権問題にはひときわ敏感になっている。「公正」「被害者中心」を掲げる文在寅政権の訴えはそんな若者のハートに刺さった。２０１７年大統領選の際に街頭で取材した若者たちは、「過去の保守政治家とはまるで違う。庶民感覚を持った大統領だ」と文在寅をそろって評価していた。

半面、幼少期から苛烈な競争社会にさらされ、政治・経済に対するシビアな目も持つ。

文在寅大統領への支持率は20代でも5割を切っている（19年5月時点）。一時に比べると半減した。大統領の不支持理由は「経済・国民生活改善の解決が不十分」が断然トップ。文在寅の支持率は世代別では、30代と40代で高く、20代と50代以上が低い。世論調査会社リアルメーターは「20代男性は文政権の核心支持層から核心不支持層へと変わった」と分析する。

盧武鉉政権以降の大統領と与党の支持率をみると、20代がほかの世代より低い数字になっていると韓国メディアが紹介していた。専門家は、「20代はいつも現実の権力に抵抗する特徴を持っている。保守と進歩を行ったり来たりしているわけではない」と語っている。

日本はどうか。安倍晋三首相の自民党総裁4選について聞いた日本経済新聞社の19年3月の世論調査では、全体では賛成が35％、反対が54％だったが、18～39歳に限ってみると過半数が賛成だった。若年層は安倍内閣やその政策への支持が高い傾向にある。

一方で、外交関係が冷え込んでも日本の若い女性は、K-POPやコスメ、ファッション、食といった面で韓国文化を楽しんでいる。その姿は歴史問題での反日意識を抱えながらも、日本や日本文化に親しむ韓国の10～20代と共通する。今後、文在寅政権の浮沈や日韓関係の行方のカギを握るのは若者ではないだろうか。

国際法廷は蜜の味か

「関係がここまでこじれた以上、第三者を交えた仲裁委員会や国際司法裁判所（ＩＣＪ）に持ち込んで、どんな結果になっても両国が受け入れると決める方法しかない」。日本企業に賠償を命じた韓国大法院（最高裁判所）の徴用工判決にどう対処するか。２０１９年に入り、政府・自民党内に、韓国への対抗措置や国際法廷での決着案が浮上した。これに対し、国際司法に委ねるのは「外交の放棄」との慎重論も根強い。日韓の外交当局はリスクのある争いは避けたいのが本音だ。日本政府は岐路に立った。

韓国側でも国民大の李元徳《イ・ウォンドク》教授らはＩＣＪへの提訴が解決のための次善の策だと提案している。

ＩＣＪ推進論者の主張は次のように集約できる。国際司法が導く結論なら、仮に相手に有利な判決が出たとしても国民は納得する。判決が出るまで3年間程度かかるので、その間に外交で解決できる可能性もある。

ソウルの青瓦台内にも、「主戦論」があると日韓外交筋は語る。強気の背景として、①欧米を中心に国際社会で人権問題を重視する風潮が強まっている、②慰安婦問題もＩＣＪに訴えれば、元徴用工訴訟で仮に負けても1勝1敗に持ち込める——との思惑が働いているという。

果たしてそうか。「外交紛争が国際法廷での争いに持ち込まれれば、国家間の関係で失うものも多い」との意見も多い。北朝鮮問題で米国との同盟である日韓の連携は不可欠だ。裁判は長期化が避けられず、その過程で非難合戦や様々な形の対抗措置の応酬も予想される。さらなる関係悪化につながる可能性は否定できない。２０２０年には東京でオリンピックが開かれる。アジアの隣国同士の歴史問題をめぐる抗争は「平和の祭典」にもなじまないだろう。

日韓両国は２０１２年にもＩＣＪへの提訴寸前まで対立が深まったことがある。それから6年余りがたつ。当時の状況と何が重なり、何が変わったのかを検証することで、日韓がこの問題にどう向き合っていくべきかを考えたい。

【ケース】2012年竹島問題ICJ提訴攻防

12年当時の最大の懸案は、日韓がともに領有権を主張する島根県・竹島（韓国名・独島）問題だった。

同年8月10日、当時の李明博大統領は竹島への上陸を強行した。大統領の任期切れが半年後に迫っていた。1952年以降、韓国が実効支配を続けている竹島への上陸は歴代のどの大統領も控えてきた禁じ手だった。

野田佳彦内閣は、武藤正敏駐韓大使を一時帰国させた。さらに、野田は竹島上陸に遺憾の意を伝える李明博宛ての親書を送った。だが、青瓦台は受け取りを拒否するという外交儀礼に反する行為に出る。駐日韓国大使館員が野田の親書を手に東京・霞が関の外務省を訪れると、今度は外務省がその車両を敷地内に入れず門前払いした。韓国政府は親書を日本側に郵送した。

野田は、記者会見を開いて竹島の実効支配を「不法占拠」と厳しく批判した。日韓関係に配慮して竹島問題を争点化しないとの従来の日本政府の方針を転換し、「ICJで議論を戦わせて決着をつけるのが王道」「不退転の決意を持って毅然と対応していく」などと国際法廷に持ち込む方針を明らかにした。

政府はまず韓国にＩＣＪへの共同付託を呼びかけ、韓国側が応じないと、単独でも提訴に踏み切る構えをみせた。

この頃、日本は中国との間でも尖閣諸島をめぐって緊張が高まっていた。２０１２年９月11日に政府が尖閣諸島を国有化すると、中国では日本大使館などのガラスが割られ、日系企業も襲撃されるなど反日感情が急速に高まった。

野田の強気の姿勢の背後で、民主党政権はひそかに軟着陸を探っていた。当時の政権幹部は、「竹島でＩＣＪに提訴すれば、次に尖閣問題で中国が攻めてくるのがわかっていた。韓国とは厳しい姿勢をとりながら、最後は収拾させないといけないと思っていた」と証言する。

同盟国同士の対立を懸念し、激しく仲介に動いていたのが、米国のオバマ政権だった。「ここは日本が大人になるべきだ」。様々なルートを使って日本政府に圧力をかけた。

米国は本来、歴史認識や感情が絡む同盟国同士の争いについて、「一方に肩入れすることはしない」（元米政府高官）のが原則。しかし、事態は急を要していた。日米韓３カ国は核・ミサイルを開発する北朝鮮の脅威にさらされる安全保障の運命共同体だったからだ。朝鮮半島では、12年から13年にかけて北朝鮮が長距離弾道ミサイルの発射や3回目の核実験に踏み切り、日米韓３カ国の間で防衛協力の必要性が高まっていた。米国の専門家からも、「日韓のあつれきが同盟全体の結束をむしばんでいる」と日本に矛先を向ける声が相次いだ。

12年9月9日のアジア太平洋経済協力会議（ＡＰＥＣ）で、米国務長官のヒラリー・クリントンが日韓両首脳に自制を要請した。同27日には国連総会の場で日韓、日米韓の外相会談が開かれた。「米国からの圧力はすごかった。何度も何度も言われた」。当時の政権幹部はこう振り返る。同盟国である米政権の忠告には日韓も耳を傾けざるを得なかった。

当時の日本の国内政局も影響した。野田は11月16日に衆院を解散した。政界では自民党への政権交代が有力視されていた。日韓両政府は解散直後の11月22日に外務次官級の経済協議、24日には両国財務相が参加する日韓財務対話をそれぞれソウルで開いた。こうして日本政府はＩＣＪへの単独提訴を見送る判断に傾いていった。

12月16日投開票の衆院選の結果、自民党が勝利し政権を奪還した。首相に再登板した安倍晋三は13年2月、朴槿恵次期韓国大統領の就任式に副総理、麻生太郎の派遣を決めた。「韓国は最も重要な隣国だ。韓国政府とともに未来志向の重層的な関係を構築する努力をしていく」と強調したのは、官房長官の菅義偉だった。

6年で激変した日韓環境

もっとも、日韓関係をとりまく現在の環境は12年当時とは大きく異なる。北朝鮮は「核戦力の完成」を宣言後、18年初頭から対話路線に急旋回し、米国や韓国、中国を相手に首脳会談を重ねる関係になった。

米国でもオバマを継いだトランプ大統領は「米国第一主義」を唱え、同盟軽視の姿が際だつ。日韓の安全保障協力を揺るがす韓国軍艦による自衛隊機へのレーダー照射問題をめぐり、日本政府高官が理解を求めても同盟国同士の紛争に対する米政府の態度はつれない。そこに日韓の仲介者として和解に奔走したオバマ前政権時代の米国の姿はない。

「(辞任した前米国防長官の) マティスのような人物がいれば……。日米韓の枠組みを大事にしたオバマ時代の役割をいまのトランプ政権に期待できない」(外相経験者)。

日韓外交は冷戦の様相を呈した。安倍は19年1月の国会での施政方針演説で韓国との2国間関係にあえて触れなかった。韓国も文在寅政権下の初の国防白書で日本との関係について、「自由民主主義の価値を共有する」としていた従来の表現を削った。

日韓のもめ事をみて笑っているのは北朝鮮や中国に違いない。

懸念を抱く経済界

日韓の民間レベルの結びつきは確実に強まっている。年間1000万人以上が両国を往来する時代に入った。平均すると毎日、2万8000人がどちらかの国を訪れている計算だ。

経済界では、半導体製造装置や電気自動車（EV）の電池材料などの日本のメーカーと、サムスン電子など韓国経済を牽引するIT（情報技術）企業の間で、相互依存の結びつきの度合いが強まっている。韓国を販売拠点とする日本企業の中には、徴用工問題が長期化することで対日感情が悪化し、日本製品の売れ行きが落ちる懸念を抱くメーカーもある。

日本経済新聞によれば、日本の対韓直接投資は18年、5年ぶりに増えた。就職難に悩む韓国の大学生を支援するため、大韓貿易投資振興公社（KOTRA）などが開く就活フェアも、18年は17年より60社ほど多い227社の日本企業が参加した。韓国人の人材については「総じて優秀なので国際的なプロジェクトも任せられる。日本文化に溶け込むのが早い」（韓国駐在の大手企業幹部）と日本企業の評価は高い。

日韓の外交関係が冷え込む中で、韓国に進出した日本企業と、日本に進出した韓国企業はともに相手国政府から対抗措置が発動されるのではないかと不安な日々を過ごす。現地で活動するリスクが高いと本社が判断すれば、事業の縮小・撤退や投資の見送りなどにつながる。企業の相互補完が完成しているいま、日韓で共倒れの企業が出る恐れもある。

日韓外交筋は「ICJでの裁判の結果、白黒がついても負けた国の世論は納得できない。政府も莫大な損失を受けることになる」と予測する。そう考えると、国際法廷は果たして蜜の味なのだろうか。外交で決着するのが望ましいことは言うまでもない。

外交危機は構造問題

韓国は日本と比べて「弱い政府」が特徴だ。一例を挙げれば、日本の全国紙に日々掲載されている首相の動静欄をみると、外務省など各府省の局長クラスが単独でも首相と面会するのは珍しいことではないが、「韓国ではあり得ない」（韓国政府関係者）ことだ。大統領は絶対的な存在であり、大統領の政策を直接補佐するメインは青瓦台の参謀らだ。官僚は大統領に容易に近づけない。

韓国の政治体制を理解する必要がある。１９８７年の民主化以降、軍事独裁時代に民間を抑圧した反省から「官」の力が低下した。それでも北朝鮮との有事に備え、大統領と青瓦台に権限を集中する仕組みは残したため、青瓦台と政府の距離が広がった。

韓国の新大統領は前政権の否定から始まるといわれる。激しい権力闘争を続ける保守と進歩の大統領が入れ替われば、政策が１８０度変わることがある。広範な人事権など、絶大な権限を握っている大統領や青瓦台の意向に、官僚が異論を唱えるのは実際には極めて難しい。歴史認識や国民感情が及ぶ韓国の行政や司法は、ますます一貫性を保ちにくくなる。

政権交代のたびに政策や外交が揺らぐリスクを抱えており、日本と政府間で交わした合意や取り決めが軽んじられる悪循環が続く。日韓外交を揺さぶり続ける韓国政治の構造的な問題だ。

歴史の皮肉

1枚の写真が残っている。1973年6月9日、韓国南東部にある製鉄所の高炉から初の銑鉄が噴きだした瞬間だ。「万歳《マンセー》！　万歳！」。ヘルメットに作業着姿の人々が両手を挙げて喜んでいる。当時、高炉の技術を韓国に供与したのは日本の富士製鉄と八幡製鉄など。後に統合して新日本製鉄、その後新日鉄住金（現日本製鉄）となる。

1965年に日本との国交正常化を果たした韓国は、日韓請求権・経済協力協定によって日本政府から得た計5億ドルを浦項総合製鉄（現ポスコ）の設立や高速道路の建設などに注ぎ込み、アジア有数の経済国家に発展する礎を築いた。当時の日韓関係はよく「兄弟」に例えられる。韓国の戦後の経済発展に日本が貢献したのは間違いない。

ポスコの事実上の創設者でもある朴泰俊《パク・テジュン》は日本からの技術移転を進めるため、当時の八幡製鉄の稲山嘉寛社長に協力を求めた。快く応じた稲山への感謝の念は終生消えることがなかったという。韓国企業への技術供与に携わった、ある日本企業関係者は、韓国の新しい国づくりを後押しした当時の日本の空気を「贖罪意識」と振り返る。

国交正常化から53年たった２０１８年、新日鉄住金が日本統治時代に動員した韓国人元徴用工らに損害賠償を求められ、韓国大法院から日本企業として初めて賠償命令を受けたのは歴史の皮肉ともいえる。それでも過去の日韓間の協定や合意にまったく意味がなくなったかといえばそうではない。

文在寅政権は慰安婦問題について、15年の日韓合意では「解決できない」として合意の柱である財団を解散した。だが、公約していた合意の「破棄」までは踏み込めずにいる。日本からの資金を元手に元慰安婦や遺族に渡した支援金を引き揚げることもせず、残金の使途をめぐり日本側と話し合う意向を示している。

元徴用工への補償問題も文在寅自身が過去に「国家間では解決済み」との立場をとった経緯がある。韓国政府の対応は日本側からみれば不満が強いが、弁護士出身でもある文在寅は、政府間の正式な取り決めを自国の都合だけで蹴飛ばせないこともわかっている。

韓国の教育現場で、日本とゆかりのある歴史文物を撤去する事態は見過ごすことができない。韓国の政府・与党や自治体、地方議会などが日本との確執をあおることで、草の根の交流を支える一般の市民や子どもたちの対日感情を揺さぶるのは厳に戒めるべきだ。

韓国を拠点とする日本企業の駐在員に聞いたところ、レーダー照射問題で日韓が応酬していたころは、韓国の夜の繁華街で日本語で大きな声を出さないようにしたのだという。筆者が韓国に駐在していた18年前半までは考えられなかったことが起きている。韓国政府は反日ナショナリズムをあおるような言動を抑える必要がある。

日本政府も何よりも忘れてはならないのは、韓国には約6万人（旅行者も含む）もの日本人が生活・滞在していることだ。日常生活の安全確保に加え、万一、半島有事になれば、韓国から救出しなければならない。その際、韓国政府や軍との協力が欠かせないのは言うまでもない。

韓国は自衛隊へのアレルギーが強いうえ、文在寅政権は北朝鮮への配慮もあり、日韓政府間で有事の邦人救出のあり方をめぐり、具体的な議論ができていない現状がある。歴史問題をめぐり感情論をぶつけ合うだけでは日本の国益にも反する。

「求同存異」の精神

日韓関係が最良といわれた１９９０年代の小渕恵三首相と金大中大統領時代は、現在の安倍晋三首相と文在寅大統領と同じく保守政権と革新政権の組み合わせだった。98年10月8日、小渕と、来日した金大中は未来志向の関係に向けた努力をうたった日韓共同宣言に署名した。このとき金大中が決断した日本の大衆文化開放が、韓国における日本のアニメ、漫画人気などの出発点となる。日本でもテレビドラマ「冬のソナタ」に代表される韓流ブームにつながっていった。

99年8月6日、小渕は広島平和記念公園内の韓国人原爆犠牲者慰霊碑を日本の現職首相として初めて参拝した。その日、在日韓国人被爆者団体から「いつの日か立ち寄ってほしい」との要望を受けると、平和記念式典後の予定を急遽変更した。慰霊碑に献花後、深々と頭を下げ、韓国側の関係者を感激させた。

日韓政治史では、中曽根康弘元首相も忘れられない首脳の1人だ。韓国語のスピーチや歌をマスターしてソウルでの日韓首脳会談に臨んだ。両国関係が難しい時期だったが、当時の全斗煥大統領の信頼をつかんで、韓国国民の心を開かせた。

安倍首相と文在寅大統領も当初は、両国が難しいときこそ頻繁に意見交換すべきだとし、両首脳のシャトル外交や国際会議のたびに会うことを約束したが、18年秋以降に相次いだ外交紛争で両国間が暗雲に覆われると、2人のコミュニケーションは途絶えた。

日韓共同宣言と金大中の日本での国会演説に深く関わった崔相龍《チェ・サンヨン》元駐日韓国大使は、「両国のリーダーは相手の立場を考え、内政と外交を区別する自制力が必要だ」と指摘。日韓関係に必要なものとして「求同存異（異を残し同を求める）」の精神を挙げる。似ていると思うから違うといらだつ。違いを認めたうえで共通利益を見いだすという成熟した関係だろう。

重層的な関係を築く

日韓関係の底が抜けたわけではない。一般の韓国人が日本に興味があるのは、観光地や食、サブカルチャーだ。非政府組織の世論調査によると、訪日経験がある韓国人が日本に良い印象を持つ割合は訪日経験のない韓国人の3倍超。相手を知ることでイメージが改善するのは日本人の調査でも同様だ。一言で「日韓関係」と言っても多様な表情があると感じる。

外務省が設けた日韓関係の有識者会合がまとめた提言は、日韓のプロ野球球団による「アジアリーグ」創設や映画や音楽、ドラマの日韓合作なども挙げている。重層的な関係を築く

図表10　日韓の国民の往来は増えている

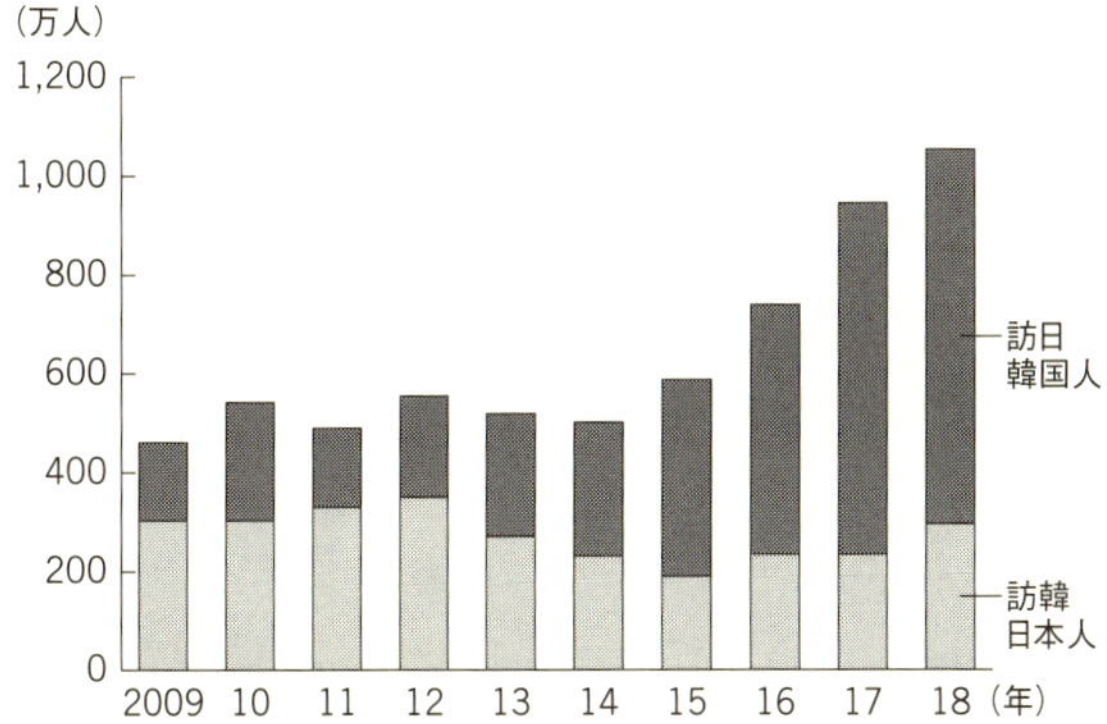

(注) 日本政府観光局などの資料をもとに作成

ことが、歴史の溝による確執を和らげていく触媒になるだろう。

経済界のつながりも保たれている。2018年に話を聞いた青瓦台高官は、韓国企業が海外に進出する際に日本のメガバンクが資金面で支援する事例が増えている現状を例に挙げ、「日韓企業の組み合わせが最適なパートナーだ」と強調した。自動運転やAI（人工知能）など、「第4次産業革命」の分野でも、日韓企業が協力する余地は大きいと指摘し、具体例として、次世代通信規格「5G」を挙げ、「標準化で日韓企業が互いに協力できる」と語った。

韓国では若年層の失業率が深刻な懸案になっている。相手国で就職を希望する若者と企業の

平昌冬季五輪スピードスケート女子500メートルで金メダルを獲得した小平奈緒選手と銀メダルの李相花選手の「日韓友情」を韓国メディアも大きく取り上げた

マッチングは、日本の人手不足を緩和する互恵関係を築くことができる。

日本以上に急スピードの少子高齢化に直面する韓国では、日本に学ぶべきだという声も高まっている。製造業中心の産業構造の転換や都市と地方の格差なども両国が共有する課題だ。輸入に依存するエネルギーや資材の海外での共同調達といったウィン・ウィンの関係で新たなビジネスを創造できる余地は大きい。

外交・安全保障面も朝鮮半島での効果的な戦争抑止力は日米韓の安保協力体制を通じて発揮される。日本政府が最優先課題である日本人拉致問題を動かすため、北朝鮮の非核化問題や朝鮮半島の平和体制づくりと絡めようとするなら、韓国との協力が重要になる。韓国が北朝鮮や中国との結びつきをどんどん強めていけば日米同盟にとって安全保障の不安定要因になる。自由貿易を志向する日韓の連携は、安保や通商の現場に席巻する「米国第一主義」「中国リスク」に対抗するテコにもなる。2回目の米朝首脳会談で合意が見送られた後、朝鮮半島情勢は不透明さを増しており、冷えきった日韓関係の長期化は双方に不利益が大きいだけだ。

首脳外交しかない

政治記者として約20年、日本の政治と外交を見つめてきた。韓国にも2回にわたり計6年半駐在し、保守、進歩両体制下の韓国政治・外交を取材する機会を得た。そこから導いた経験則は、日韓の歴史認識の溝は決して埋められないという現実と、韓国との外交関係に転機を生みだせるのは首脳外交をおいてほかにない、という点だ。韓国とのパイプを持つ政界の実力者が引退し、議連や経済界などのパイプがほとんど機能しなくなったいま、歴史感情や世論が複雑に絡み合う隣国関係を安定させるため両首脳の強いリーダーシップによる「歴史問題の管理」がこれまで以上に重要になっている。

2度目の韓国赴任で特にそれを痛感した。15年春の着任当時は慰安婦問題をめぐる対立で日韓首脳会談を久しく開けない異常な状態だった。韓国メディアは連日、安倍首相を呼び捨てにし、日本に批判的な報道を流していた。

それが、6月に日韓双方で開いた国交正常化50年式典に安倍首相と朴槿恵大統領がともに出席すると、韓国メディアをはじめ韓国国内の雰囲気が和らいだ。その後、11月に開いた3年半ぶりの日韓首脳会談を経て、12月に日韓両政府が慰安婦合意をまとめたことで韓国内の反日ムードがにわかにおさまっていくのを目の当たりにした。韓国での大統領の重みを再認識する経験だった。

中国や北朝鮮要人との人脈を武器に外交でも存在感のあった野中広務元官房長官に生前、中国や北朝鮮との関係を打開するために政府から特使を頼まれたらどうするかを聞いてみたことがある。大きく首を横に振り、「中国や朝鮮半島の関係は政権にいる人がトップにならないと動かせない」と語っていたのを思いだす。

日本も戦後、過去を反省し、平和国家として歩んできたとの思いがある。まず韓国には法の枠内で努力を重ねてきた日本の誠意を理解してもらいたい。徴用工問題でとりわけ韓国との埋めがたい溝を感じるが、かといって放置すれば、経済や安保の損害は拡大する。なぜ歴史をめぐる考え方が違うのかをお互いに理解することは、摩擦を未然に防ぐうえで重要である。日本からも韓国からもお互い見えないものがたくさんあるはずだからだ。

国民の6～7人に1人にあたる、年間750万人もの人々が日本を訪れる国家が反日なのかに思いを致してみると、また別の韓国を発見できる。「なぜ日本人はこんなに怒っているのだろう?」と不思議がる韓国人の「無自覚の反日」も日本人のあまり知らない部分だ。

隣国という関係が変わらない以上、争いの種は尽きない。一方で、隣国ならではの魅力が多いことも双方の若者が教えてくれる。両国の交流を後押しするためにも、外交努力とともに両首脳をはじめ双方が自制する「歴史問題の管理」が何より求められる。それが日本政府が韓国との間で長くめざしてきた「成熟したパートナーシップ関係」につながる道だろう。

【コラム】韓国へ続々 政治とは別

２０１８年の1年間に韓国を訪れた日本人の数は２９４万人で前年より3割近く増えました。日韓関係が最悪といわれる中での増加。不思議な気がします。

回答者 峯岸博編集委員 「娘が韓国に旅行したがっているんだけど、危なくない?」。昨年（18年）までのソウル駐在時、日本の友人からこの手の電話をよくもらいました。

17年からの伸び率でみると、日本人全体の海外出国者数が６・０％に対し、韓国への訪問者数は27・６％と突出しています。うち6割強を占めるのは女性です。その理由を東京のコリアタウン、新大久保で見つけることができます。2月上旬の日曜日。昼時の駅前通りは通行人でごった返していて、まともに歩けないほどでした。

客足に一時陰りが見えた新大久保を再び盛り上げたのは、10～20代の若い女性たち。伸びるチーズが特徴のチーズホットドッグ店が軒を連ね、人気のチキンやチーズタッカルビの店先にも寒風の中で長い列ができていました。韓国人かと見まがうばかりの「オルチャンメーク」をした女性の姿があちこちに。「韓国女子の小顔で細身のスタイルに憧れる」「K-POPが学校で話題になる。アイドルのデビューまでの苦労話にめっちゃ感動する」。高校生らの屈託のない表情が印象的でした。

韓国に行けば、「メード・イン・コリア」のコスメやファッションがお値打ち価格で手に入る。その気になれば日帰りでも行ける。そんな手軽さが若い女性の足を韓国に向かわせているといいます。韓国旅行会社の関係者によると、「祖母や母の膝の上で韓流ドラマをみていた幼い子たちが成長して韓国に戻ってきた」。ソウルでは日本人女性の親子連れの観光客を見かけます。韓国好きの女性にリピーターが多いのも特徴だそうです。

ドラマ「冬のソナタ」、K-POPアイドルの東方神起や少女時代、KARAなどに続いて、現在は「第3次韓流ブーム」といわれます。新大久保で10～20代に話を聞いて感じたのは、日韓両国が争う歴史問題や政治情勢には関心がなく、「好きだから」という理由で韓国文化を受け入れるシンプルさでした。

一方で、新大久保で韓国食堂を20年営んでいる男性は、「最近の新大久保の客は『イケメン通り』や人気店など一部に集中している。中高年層は以前より減った」と話します。40～50代の女性に最近の日韓関係を聞いてみると、「政治は政治。気にならない」「五分五分。いま韓国に行くのは少し怖い気がする」との両方でした。

結論　若い世代を中心とする日本人女性が原動力になっています。相手国の文化への親しみと国家間の紛争を切り離す考え方は韓国の若者とも重なります。

（2019年2月18日付日経電子版「スグ効くニュース解説」）

おわりに

「彼に会わなかったら、そこそこ安楽に、適当に人助けをしながら生きていたかもしれない。彼の熾烈さが私を目覚めさせた。彼は死ぬときでさえ熾烈だった。そして私を再び彼の道へと引きずり込んだ。盧武鉉は遺書に『運命だ』と書いた。心の中で思った。『私のほうこそ、運命だ』。あなたはすでに運命から解放されたが、私はあなたが残した宿題に縛られている」

韓国大統領、文在寅の自叙伝『運命 文在寅自伝』(岩波書店)の最後のくだりである。退任後に自ら命を絶った盧武鉉だけではない。亡命、暗殺、逮捕、収監、弾劾・罷免……。歴代韓国大統領の末路は悲惨だ。なのに、なぜ韓国人は大統領をめざすのか。その1つの答えは、韓国社会を変えようと試み、挫折を繰り返す「見果てぬ夢」かもしれない。

それは「恨《ハン》」という言葉に置き換えられる。19世紀の弱肉強食の時代、半島国家の李氏朝鮮は周辺大国の抗争に翻弄される。以来、朝鮮半島の人々にとっては「あるべき姿」が、

「いまある姿」より大切で、「べき」と異なる「いま」を否定し、「べき」こそがわが姿とするメンタリティを延々と培ってきた。そんな話を聞いた。保守と進歩（革新）と大統領が交代すると社会全体が塗り替えられる韓国で、２大勢力が「あるべき姿」を求めて激突するのが5年に1度の大統領選だ。日韓外交はそのたびに振り回される「宿命」といえる。

中国が外交カードとして歴史問題を戦略的に活用するのに対し、韓国はより感情的、直接的だ。それだけに根が深い。法や理論を重視する日本と、「恨」を抱えて国民感情をむき出しにする韓国が２０１８年秋から正面衝突したのは、歴史の必然だったような気がする。

半面、韓国で変わらないのが、もう1つのキーワードである「情」だ。

私は大学4年生だった１９９２年、友人２人と一緒に卒業旅行で初めてソウルを訪れた。韓国との事実上、最初の出合いだった。韓国を選んだのは最も近くて最も安い海外旅行先だったからだ。多くのサラリーマンの丈の短いズボンからのぞく白い靴下、ちょっとした風でも壊れてしまいそうな雨傘、とにかく辛いだけの韓国料理。なぜかそんなことが強く印象に残った。まだまだ日本との経済格差を感じた。

名門、梨花女子大に併設された博物館では光景が一変する。そこで同大に通ういかにも良家のお嬢様といった清楚な女子学生3人組と知り合えたのが、旅の最高の思い出になる。英会話のレベルの差に恥ずかしい思いをしながらも、お互いに学生生活を紹介し合い、「日韓学生交流だね」などと盛り上がった。せっかく韓国に来てくれたのだからと大学を案内され、学食にまで足を運んだ。韓国が民主化してまだ5年後のことだ。再会の約束は27年たったいまも果たせていないが、それらの経験で韓国社会を少しのぞけたような気がした。

その直後に入社した日本経済新聞社では、ほぼ一貫して政治記者として国内政治を中心に担当したが、その間、2002年に初の日朝首脳会談のため平壌を訪れた小泉純一郎首相を同行取材したのを機に、朝鮮半島との縁が復活する。その後、吸い寄せられるように、ソウルに2回、計6年半駐在し、訪朝経験も7回を数える。

忘れてはならないのは、国家や国民のイメージをひとくくりにしてしまうことの危うさだ。韓国には根深い反日感情がある。理不尽な要求や態度には、ときに怒り、突き放す必要もあるだろう。その同じ国に日本人に好感や尊敬を抱いている人々がたくさんいるのも事実だ。朝鮮半島の北側にも、平和な時代の訪れを待ち望んでいる一般市民の存在を、わずかな経験の中で知っている。「複眼」の視点を持つことはどの国が相手でも大切だと思う。

2017年に出版した前著『韓国の憂鬱』では、朴槿恵前大統領を弾劾・罷免に追い込んだ韓国政治・経済・社会の闇に迫ろうとした。新たに誕生した革新系の文在寅政権下で日韓の断層が浮き彫りになった。その断層への「気づき」と学びこそが、より良い隣国関係の出発点になると考えた。本書がそのための一助になれば、この上ない喜びである。

朝鮮半島を専門に長く取材してきた、いわゆる「半島屋」の記者ではないため、いろいろな方々からたくさんのことを教えていただかなければ、本書は生まれていなかったはずだ。日韓関係が岐路に立つタイミングで本の執筆をすすめてくださった日本経済新聞出版社の堀口祐介氏には特に感謝を申し上げたい。「日韓の断層」という私の感覚にぴったりの書名も堀口氏の発案だ。出版を後押ししてくれた日本経済新聞の関係者にもお礼を述べたい。

流転する日韓関係はまさに「生き物」だと感じる。謙虚な気持ちを忘れずに、しっかり見極めていきたい。

2019年5月

峯岸　博

峯岸 博 みねぎし・ひろし

日本経済新聞編集委員兼論説委員。1968年埼玉県新座市生まれ。92年、慶応義塾大学法学部政治学科卒、日本経済新聞社入社。政治部で首相官邸や自民党、外務省など、経済部で旧大蔵省を担当。ソウル支局特派員、政治部キャップ、政治部次長を経て2015~18年ソウル支局長。18年4月から現職。著書に『韓国の憂鬱』。日経電子版「朝鮮半島ファイル」、ニューズレター「韓国Watch」(NIKKEI Briefing)を執筆。

日経プレミアシリーズ｜402

日《にっ》韓《かん》の断《だん》層《そう》

二〇一九年五月二二日　一刷
二〇一九年九月　六日　五刷

著者　峯岸 博
発行者　金子 豊
発行所　日本経済新聞出版社
https://www.nikkeibook.com/
東京都千代田区大手町一―三―七　〒一〇〇―八〇六六
電話（〇三）三二七〇―〇二五一（代）

装幀　ベターデイズ
組版　マーリンクレイン
印刷・製本　凸版印刷株式会社

ISBN 978-4-532-26402-4　Printed in Japan

日経プレミアシリーズ222

北朝鮮経済のカラクリ

山口真典

なぜ国際社会の反発を無視して武力挑発を繰り返すのか。なぜ、餓死者が出るほど経済が窮しているのに体制が崩壊しないのか。金正恩はそれを継続できるのか――。謎に満ちた政治経済システムに、脱北者へのインタビュー、豊富なエピソードを交えて日本経済新聞前ソウル支局長が迫る。

日経プレミアシリーズ350

韓国の憂鬱

峯岸 博

大統領と財閥企業による「政経癒着」、世襲による格差の固定、超競争社会と教育問題、世代間対立――。どれも韓国社会に深く根ざした問題ばかりだ。日本経済新聞ソウル支局長が、韓国の構造問題を、朴大統領弾劾の端緒から新政権始動までのドキュメントも交えて解明する最新レポート。

日経プレミアシリーズ294

中韓産業スパイ

渋谷高弘

新日鉄住金がポスコによる技術窃盗の証拠をつかんだのは韓国人密告者の「怪文書」がきっかけだった――90年代半ばから韓国・中国企業に日本の先端技術が流出し続けている。彼らはどのような手口を使うのか。産業スパイへの対抗策はないのか。日経の編集委員が深淵に迫る！